UNABHÄNGIG – PERSÖNLICH – UNTERNEHMERISCH

Eine Chronik von
Hauck & Aufhäuser Privatbankiers
seit 1796

VORWORT

Die Wurzeln von Hauck & Aufhäuser reichen bis ins Jahr 1796 zurück. In Paris trat die Revolution in ihre entscheidende Phase ein, und bis weit ins 19. Jahrhundert demonstrierte Napoleon den Menschen in Europa, wer ihr Schicksal wirklich bestimmte: die Politik. In derselben Periode verkündeten aber auch Johann Wolfgang von Goethe und Friedrich Schiller von der kleinen thüringischen Residenzstadt Weimar aus ihr Konzept einer klassisch-humanistischen Ästhetik im Zeichen des Guten, Wahren und Schönen. Krieg und Kunst waren die Kennzeichen der Epoche.

Es gehörte viel unternehmerischer Mut dazu, sich in diesen unruhigen Zeiten als Kaufmann und Bankier in Frankfurt oder einer anderen deutschen Großstadt selbständig zu machen. Friedrich Michael Hauck war damals gerade 25 Jahre alt. Nur unwesentlich älter – nämlich 28 Jahre – war Heinrich Aufhäuser, als er im Jahr 1870 sein Bankhaus in München gründete. Seitdem hat Hauck & Aufhäuser diverse Kriege, Wirtschaftskrisen, Währungsreformen und politische Umwälzungen nicht nur überstanden, sondern gemeistert. Und das Haus hat sich in einem scharfen Verdrängungswettbewerb gegenüber den großen Aktienbanken behauptet, die seit der Gründerzeit das Firmenkundengeschäft und seit der Elektronisierung von Prozessen das Privatkundengeschäft dominieren.

1400 Privatbanken gab es zu Beginn des 20. Jahrhunderts in Deutschland. 1945 war ihre Zahl auf rund ein Zehntel – 148, um genau zu sein – geschrumpft. Heute lassen sich die privaten Bankhäuser, die das Geschäft für ihre anspruchsvolle Kundschaft noch als unabhängige Kaufleute betreiben und über die Mindestgröße einer Bilanzsumme im Milliardenbereich verfügen, an einer Hand abzählen. Hauck & Aufhäuser gehört zu diesem exklusiven Zirkel mittelständischer deutscher Bankhäuser, die sich zum Teil noch in Familienbesitz befinden.

Mit der Beratung vermögender privater und unternehmerischer Kunden hat sich Hauck & Aufhäuser im Nischenmarkt für anspruchsvolle Finanzdienstleistungen einen ausgezeichneten Ruf erworben. Die Reputation, die das Haus genießt, beruht nicht zum Geringsten auf kaufmännischen Werten, die sich seit den Zeiten Friedrich Michael Haucks und Heinrich Aufhäusers nicht geändert haben. Der Geist, in dem Hauck & Aufhäuser seine Kunden betreut, ist im Kern seit damals unverändert: Gestern wie heute steht das Bankhaus für Unabhängigkeit im Urteil, persönliche Nähe zum Kunden und unternehmerische Verantwortung.

Auf unsere Tradition sind wir sehr stolz, und wir bewahren sie seit nunmehr 215 Jahren. Zugleich hat sich das Bankhaus stets den Erfordernissen der Zeit angepasst, neuen Herausforderungen gestellt und diese, im besten Fall, antizipiert.

In der Geschichte von Hauck & Aufhäuser Privatbankiers gibt es viele historische Wegmarken, Begebenheiten und Anekdoten. Sie sind charakteristisch für unser Selbstverständnis, unsere Identität und unsere Unternehmenskultur. Deswegen möchten wir Sie gern daran teilhaben lassen.

Wir wünschen Ihnen eine interessante Lektüre.

Hauck & Aufhäuser Privatbankiers

„Mit Achtung und Freundschaft werden wir stets einem brauchbaren Mann bey uns zu begegnen wißen. Wir fordern dahero mit aller Genauigkeit die Erfüllung unserer Bedingniße, mit allen dazugehörigen und an gränzenden Pflichten, die sich von einem guten und wohlgesitteten Mann erwarten lassen."

Original eines Anstellungsvertrags der Firma Gebhard & Hauck aus dem Jahr 1796, von Friedrich Michael Hauck unterzeichnet. Dies ist das älteste Zeugnis in unserem Besitz über das heutige Bankhaus Hauck & Aufhäuser.

INHALT

KAPITEL 1 — 10
Die Wurzeln des Bankhauses Georg Hauck & Sohn

KAPITEL 2 — 28
Die Wurzeln des Bankhauses H. Aufhäuser

KAPITEL 3 — 44
Aufbau des Firmenkundengeschäfts

KAPITEL 4 — 100
Zeit des Nationalsozialismus

KAPITEL 5 — 128
Tradition und Innovation

KAPITEL 6 — 144
Eigentum verpflichtet

KAPITEL 7 — 162
Der Weg zu einer Bank von Unternehmern
für Unternehmer

STAMMBÄUME DER BANKIERSFAMILIEN — 192
HAUCK UND AUFHÄUSER

REGISTER — 194

BILDNACHWEISE — 201

LITERATURVERZEICHNIS — 202

IMPRESSUM — 204

KAPITEL 1

Die Wurzeln des Bankhauses Georg Hauck & Sohn

Es waren unruhige Zeiten, als Friedrich Michael Hauck 1796 den Grundstein zu einer der wenigen heute noch bestehenden unabhängigen Privatbanken legte. 1789 brach die Französische Revolution aus und erreichte wenige Jahre später auch Frankfurt am Main. Da für Friedrich Michael Hauck trotz der sich abzeichnenden Umwälzungen die Chancen überwogen, entschloss er sich, Unternehmer zu werden.

1753 hatte Georg Platz in der Nähe des Frankfurter Römers ein „Speditions- und Commissionsgeschäft" gegründet. Nach seinem Tod 1786 führten sein Sohn Johann Adam und dessen Vetter Philipp Jakob Gebhard die Firma unter dem Namen Platz & Gebhard weiter. Ganz im Stil der angelsächsisch geprägten Merchant Banks, die speziell auf die unternehmerischen Finanzen ausgerichtet waren, wurde aus dem Handelshaus durch die Hereinnahme des Wechselgeschäfts allmählich eine Bank. Nach dem Ausscheiden von Johann Adam Platz 1795 wurde Friedrich Michael Hauck zum 1. Januar 1796 Teilhaber der nun umfirmierten Unternehmung Gebhard & Hauck. Zu diesem Zeitpunkt war er gerade einmal 25 Jahre alt.

Erst Ende 1795 war Friedrich Michael Hauck, gegen Zahlung von 900 Gulden und der Hinterlegung eines Pfandes in Höhe von damals stolzen 2.000 Gulden, Bürger der alten Reichsstadt Frankfurt am Main geworden. Das war die Voraussetzung, um überhaupt ein ortsansässiges Geschäft betreiben zu können.

Friedrich Michael Hauck – dessen Vorname auch mit Michael Friedrich überliefert ist – stammte ursprünglich aus der Pfalz: 1769 war er als Sohn eines kurpfälzischen Rates in Dalbergischen Diensten in Essingen geboren worden. In Basel hatte er „die

DIE WURZELN DES BANKHAUSES GEORG HAUCK & SOHN

Friedrich Michael Hauck (1769 – 1839): Ölporträt eines unbekannten Malers.

KAPITEL 1

Handlung" gelernt und war anschließend von 1791 bis 1795 in Lyon für ein renommiertes Seidenhaus tätig gewesen. Die vielfältigen Geschäftsreisen, die ihn nach England, Schweden und bis nach Russland führten, ermöglichten es ihm, Kontakte zu knüpfen, die später für sein eigenes Geschäft von großem Nutzen sein sollten. Seine Zukunft hatte Friedrich Michael Hauck aber nicht im fernen Ausland gesehen, sondern in der großen Handels- und Messestadt Frankfurt am Main.

Krieg und Hochwasser haben die Spuren weitgehend getilgt, doch die vorhandenen Unterlagen geben einen ungefähren Überblick über die Geschäftstätigkeiten von Gebhard & Hauck. Bis wenigstens in die erste Hälfte des 19. Jahrhunderts hinein wurde ein reger Weinhandel betrieben, der – mit einer unverkennbaren Ostausrichtung – über Nordhausen und Blankensee bis nach Posen reichte. Viele Adelige und Offiziere zählten zur Kundschaft, die einen Medoc, Sauternes oder nahen Rüdesheimer Bergwein genossen. Vermutlich zählte auch das bekannte Schriftstellerpaar Bettina und Achim von Arnim zu den Kunden von Gebhard & Hauck.

Die Firma betrieb keinen reinen Weinhandel, sondern hatte ein größeres Warensortiment. So war der Seidenhandel, der Ausbildung von Friedrich Michael Hauck entsprechend, ein weiterer Schwerpunkt sowie der Handel mit Farbstoffen, die zur Färbung der Textilien verwandt wurden. Langjährige Beziehungen bestanden zu einer der bedeutendsten Seidenhandlungen, den Gebr. Passavant in Frankfurt, sowie zum Schweizer Pendant von der Mühll in Basel. Indigo wurde beispielsweise aus London importiert, da aller Kolonialhandel aus den britischen Kolonien über England zu laufen hatte. Nicht zuletzt beruhten die Handelsbeziehungen auf deutschen Auswanderern, die im Ausland ein Geschäft aufmachten, dabei aber den Kontakt nach Deutschland weiterhin nutzten. So hatte beispielsweise Carl Aders, ein bekannter Sammler von Renaissance-Bildern, 1811 in London zusammen mit dem Engländer William Jameson eine Firma für Indigo-Handel gegründet, Jameson & Aders. Zumindest Aders' Frau wohnte zeitweise in Frankfurt, und Anna Jameson besuchte

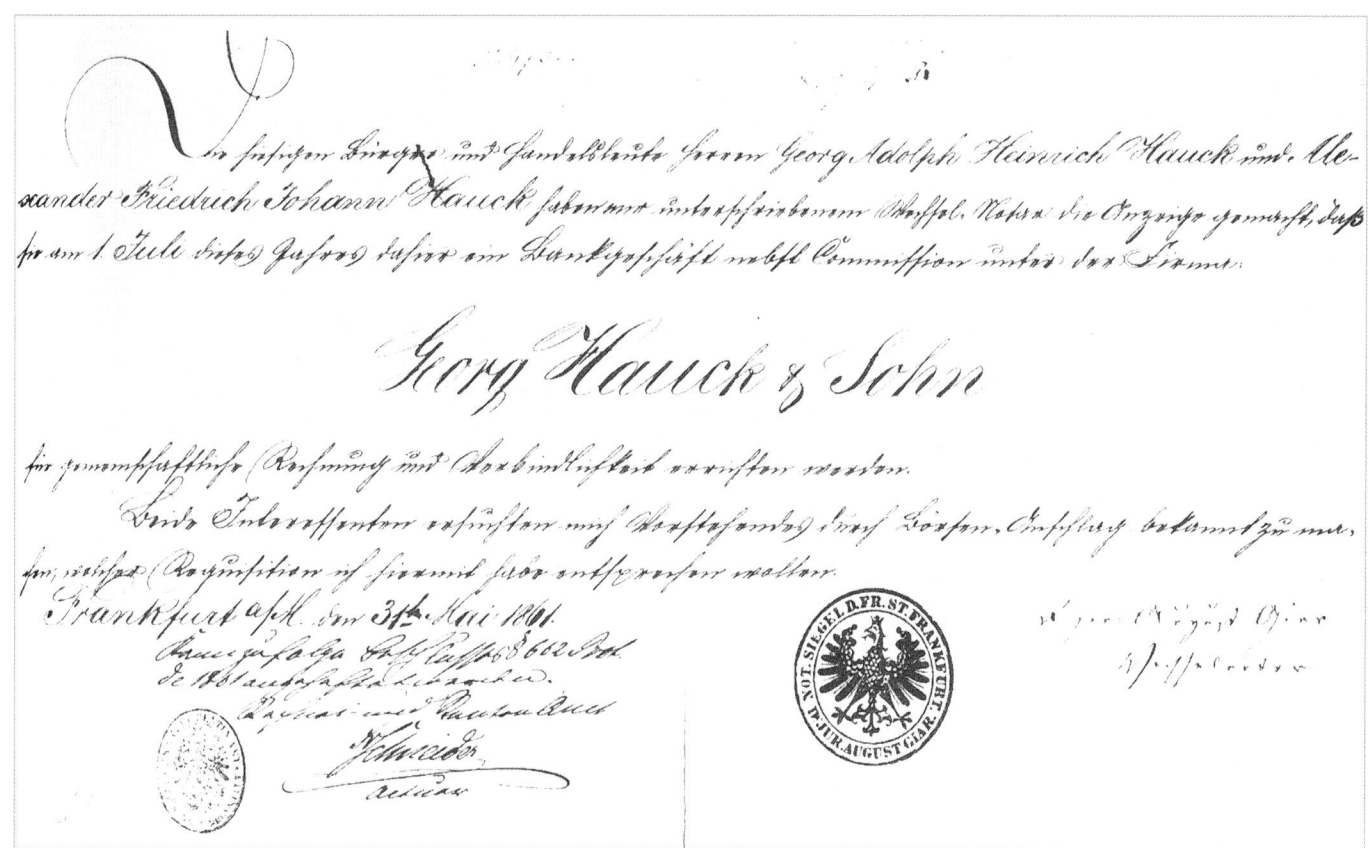

1833 die Messestadt am Main, um Friedrich Städel vom Städel'schen Kunstinstitut zu treffen. Hier wiederum schließt sich der Kreis: Gebhard & Hauck stand in Geschäftsbeziehungen zu Carl Aders, und das Städel wird von der Bank bis in die Gegenwart mäzenatisch unterstützt. Ferner weist eine Inventarliste von 1823 „550 Ohm Rüböhl" (= 789 hl Rapsöl) in Haarlem/Niederlande aus sowie „151 Bündel Mule Twist" (= Mulegarn) in St. Gallen/Schweiz. Gebhard & Hauck nutzte also Lagerstätten im Ausland, und zumindest in Straßburg besaß die Handlung ein eigenes Depot.

Zunächst führten die Nachkommen von Friedrich Michael Hauck die Geschäfte eine Zeitlang gemeinsam, 1861 etablierte Georg Hauck das Bankhaus „Georg Hauck & Sohn", Ferdinand ein Bankhaus, das seinen Namen trug. Urkunde zur Geschäftsübertragung von 1861.

KAPITEL 1

Um die weitverzweigten Geschäfte tätigen zu können – allein das Speditionskonto weist gut 200 Kunden verschiedener Nationalitäten aus –, hielt Gebhard & Hauck Kontakt zu 85 „Correspondenten" im In- und Ausland. Weiterhin beschäftigte die Firma offenbar drei bis vier fest angestellte Handlungsreisende. Nimmt man die Bilanz als Anhaltspunkt, überwog aber schon damals ganz eindeutig das Bankgeschäft, vor allem, was den Gewinn ausmachte.

Die Konkurrenz war mit M. A. Rothschild, den Gebr. Bethmann und B. Metzler nirgendwo in Deutschland so groß wie in Frankfurt am Main. Doch gelang es Gebhard & Hauck auch hier schnell, Fuß zu fassen, und schon 1800 wurde dem Oberrheinischen Kreis ein Darlehen von 100.000 Florin gewährt, zu einem durchaus noch heute vergleichbaren Zinssatz von 4,5 Prozent. Gebhard & Hauck wurde auch im Zusammenhang mit preußischen Anleihen erwähnt, doch wichtiger war das Effekten- und Wechselgeschäft. Dazu bediente sich die Handlung der namhaftesten Finanz- und Handelsplätze: Augsburg, Berlin, Bremen, Hamburg, Leipzig sowie Amsterdam, Antwerpen, London, Lyon, Paris, Rotterdam und Wien. Gleichzeitig konnten Geschäftsbeziehungen zu bekannten Persönlichkeiten und Unternehmen aufgebaut werden. In den erhaltenen Geschäftsberichten der 1820er-Jahre tauchen so klangvolle Namen wie Wertheimber, Passavant, Melber oder Freiherr von der Leyen auf.

Das Geschäft rechnete sich auch für die neuen Teilhaber, nachdem Philipp Gebhard 1814 gestorben war und damit die Handlung ganz in die Hand der Hauck-Familie fiel: 1825 wurde beispielsweise ein Gewinn von über 20.000 Forint erzielt, wovon Friedrich Michael Hauck 5/8, also rund 13.000 Forint, zustanden. Das Eigenkapital der Gesellschaft betrug 240.000 Forint, Friedrich Michael Hauck hielt 200.000 Forint, sein Vetter Georg Heinrich Hauck-Steeg den Rest. Das laufende Konto von Friedrich Michael Hauck wies knapp 50.000 Forint aus – heute eher „Peanuts", gehörte er damals damit zu den vermögenden Bürgern der Stadt.

DIE WURZELN DES BANKHAUSES GEORG HAUCK & SOHN

Der „Weiße Hirsch" im Großen Hirschgraben: Friedrich Michael Hauck gründete hier 1796 Gebhard & Hauck. 1786 war das Haus für die Familie Gontard hergerichtet worden, die später den Dichter Friedrich Hölderlin als Hauslehrer anstellen sollte.

Auf den Weg zu einem Familienunternehmen begab sich das Bankhaus Anfang des 19. Jahrhunderts. 1807 wurde Georg Heinrich Hauck-Steeg Teilhaber bei Gebhard & Hauck. Er hatte in Frankfurt zunächst ein eigenes Unternehmen gegründet, Kiefhaber & Hauck. Ende 1829 schied Hauck-Steeg in beiderseitigem Einvernehmen aus Gebhard & Hauck, wie das Unternehmen weiterhin hieß, wieder aus. Die Söhne Friedrich Michaels sollten die Firma übernehmen. Die geordnete Übergabe und die Etablierung eines Familienunternehmens wurden für ihn die zentrale Lebensaufgabe, wie ein Brief aus dem Jahr 1829 eindrücklich zeigt: „Das wichtigste von zeitlichen

Dingen ist mir die Handlung. [M]ein Plan ist, die Handlung noch eine Zeitlang mit meinem Schwiegersohn fortzusetzen, um sie dann ihm und meinen Söhnen zu überlassen. Lebe ich so lange, so will ich dann als Lebensmüder gerne abtreten."

Doch das Vorhaben gestaltete sich schwieriger als gedacht, denn Schicksalsschläge blieben nicht aus. Der älteste Sohn Johann Heinrich war bereits mit acht Jahren gestorben, der als Nachfolger aufgebaute zweitälteste Sohn Philipp starb 24-jährig. Die Generationenübergabe konnte Friedrich Michael Hauck kurz vor seinem Tod 1839 aber dann doch noch abschließen: Sein Schwiegersohn August Seeger schied 1835 aus, zugleich trat sein Sohn Georg Heinrich in das Unternehmen ein. 1837 folgte der jüngste der vier Söhne, Ferdinand.

Beide Söhne Friedrich Michael Haucks waren noch relativ jung, als sie die alleinige Leitung des Unternehmens übernehmen mussten: Georg war 27 Jahre alt, Ferdinand ein Jahr jünger. Zunächst führten beide Brüder die Geschäfte gemeinsam, eine Trennung war wohl aber von Anbeginn geplant; sie kam 1861: Georg Hauck gründete mit Blick auf seinen heranwachsenden Sprössling Alexander die Firma Georg Hauck & Sohn, Ferdinand Hauck firmierte unter seinem Namen. Wahrscheinlich schon wesentlich früher, aber spätestens ab diesem Zeitpunkt haben wir es auch mit reinen Bankhäusern zu tun. Nach diversen Umzügen – Große Gallusgasse 21 (1816), Hochstraße 16 (1857) und Großer Hirschgraben 12 (1861) – domizilierte Georg Hauck & Sohn von 1871 an in der Neuen Mainzer Straße 30. Auf diesen Standort geht das gegenwärtige Bankhaus Hauck & Aufhäuser zurück, auch wenn sich der Hauptsitz heute um die Ecke in der Kaiserstraße 24 befindet.

Frankfurt am Main

STADT DER KAUFLEUTE UND BANKIERS

 Seit jeher spielt die Stadt eine entscheidende Rolle, wenn es um Wohlstand und ökonomischen Fortschritt geht. Wirtschaftliche Werte sind in der Geschichte meistens dann entstanden, wenn viele Menschen zusammen siedelten und sich spezialisierten. Doch neben der Arbeitsteilung kam es auch auf die günstige Lage der Siedlung an: Die Stadt als Wirtschaftsraum und Wachstumsmotor braucht funktionierende Verkehrswege. Frankfurt ist nach einem Verkehrsweg benannt: der Furt, einer Art Felsrinne, die es den Franken im frühen Mittelalter erlaubte, den Main bei normalem Wasserstand gefahrlos zu überqueren.

Einen Namen machte sich der heutige Finanzplatz zunächst als Stadt der Händler und Kaufleute. Im 14. Jahrhundert erlebte die urbane Siedlung am Main, die damals rund 10.000 Einwohner zählte, eine erste Blüte. Auf den weithin bekannten Oster- und Herbstmessen wurden Kleidung, Metallwaren und Luxusartikel gehandelt. Auch die späteren Privatbankiers – die Haucks, Metzlers und Bethmanns – begannen ihre Laufbahn zunächst als Kaufleute. Denn Kredit- und Geldwechselgeschäfte gehörten angesichts der kaum überschaubaren Währungs- und Münzvielfalt im Heiligen Römischen Reich Deutscher Nation von Anfang an zum Handel dazu. Ausschließlich Finanzgeschäfte betrieben die Häuser erst ab dem 19. Jahrhundert, als der enorm gestiegene Finanzbedarf und die zunehmende Komplexität des Warenverkehrs nach spezialisierten Bankhäusern verlangten.

Kulturelle Vielfalt, weltanschauliche Offenheit und die Bereitschaft zur Integration neuer Bevölkerungsgruppen waren weitere Erfolgsfaktoren in der Geschichte der Handels- und Bankenstadt Frankfurt – und das ist bis heute so geblieben. Im 16. und 17. Jahrhundert kamen reiche Kaufleute anderer Nationalitäten nach Frankfurt.

KAPITEL 1

Sie begannen, Handelsbeziehungen mit ihren Heimatländern aufzunehmen, und beförderten auf diese Weise den Aufschwung. Auch viele jüdische Familien zogen nach Frankfurt und prägten das wirtschaftliche und gesellschaftliche Leben. Die Rothschilds, Hahns, Ladenburgs, Speyers, Wertheimers und Mertons sind vielfach auch heute noch in Form von Straßennamen oder nach ihnen benannten Gebäuden in der Stadt präsent. Die Unternehmerfamilie Merton zum Beispiel konzentrierte sich auf den Metallhandel und gründete Ende des 19. Jahrhunderts die Metallgesellschaft – einen neben der Hoechst AG weit über die Rhein-Main-Region hinausstrahlenden deutschen Industriekonzern. 1890 gehörten die drei vermögendsten Familien der Stadt zur jüdischen Gemeinde.

Zwar änderte sich in dieser Epoche der Industrialisierung und Urbanisierung sukzessive das Gesicht der Stadt, einen wirklich tiefen Einschnitt in die ökonomische Entwicklung brachten jedoch der Erste Weltkrieg, die Hyperinflation von 1923 sowie die Wirtschaftskrise ab 1929. Großbürgerlicher Reichtum, der vor 1914 überwiegend in Anleihen und anderen Wertpapieren investiert war, ging durch den Krieg verloren. Einige Bankhäuser büßten einen Großteil ihres Vermögens ein, andere schlossen sich nolens volens zusammen oder mussten liquidieren. Nicht wenige Bankiers standen auch privat vor dem Ruin; kleinere Bankhäuser waren damals – wie heute übrigens auch – mittelständische Familienunternehmen, deren Inhaber mit ihrem gesamten Besitz persönlich hafteten. Die Bankhäuser Hauck und Metzler gehörten zu den wenigen, die die Krisenjahre zwar unter Schwierigkeiten, aber dennoch unbeschadet überstanden.

Die nationalsozialistische Machtergreifung 1933 und der sechs Jahre später einsetzende Zweite Weltkrieg bedeuteten für Frankfurt eine menschliche, wirtschaftliche und städtebauliche Katastrophe. Familien jüdischer Herkunft verloren ihre Rechte, ihren Besitz und, wenn sie nicht rechtzeitig in sicheren Ländern Zuflucht fanden, oft auch ihr Leben. Jüdische Kaufleute, Rechtsanwälte, Ärzte wurden boykottiert, jüdische Wissenschaftler und Künstler vertrieben, jüdische Bankhäuser enteignet oder

„arisiert", wie das die Machthaber damals nannten. Otto Hauck wurde aus seinem Amt als Vorsitzender der Industrie- und Handelskammer entfernt. Nur durch den Eintritt eines den Nationalsozialisten genehmen Geschäftsführers gelang es, den Fortbestand des Bankhauses zu sichern. Bei alliierten Luftangriffen gingen mehr als zwei Drittel der Innenstadt in Flammen auf, das bis dahin immer noch mittelalterlich geprägte Stadtbild war unwiederbringlich verloren.

Historische Wahrzeichen des religiösen und wirtschaftlichen Lebens in Frankfurt am Main: der Kaiserdom Sankt Bartholomäus und die Alte Brücke. Radierung um 1874.

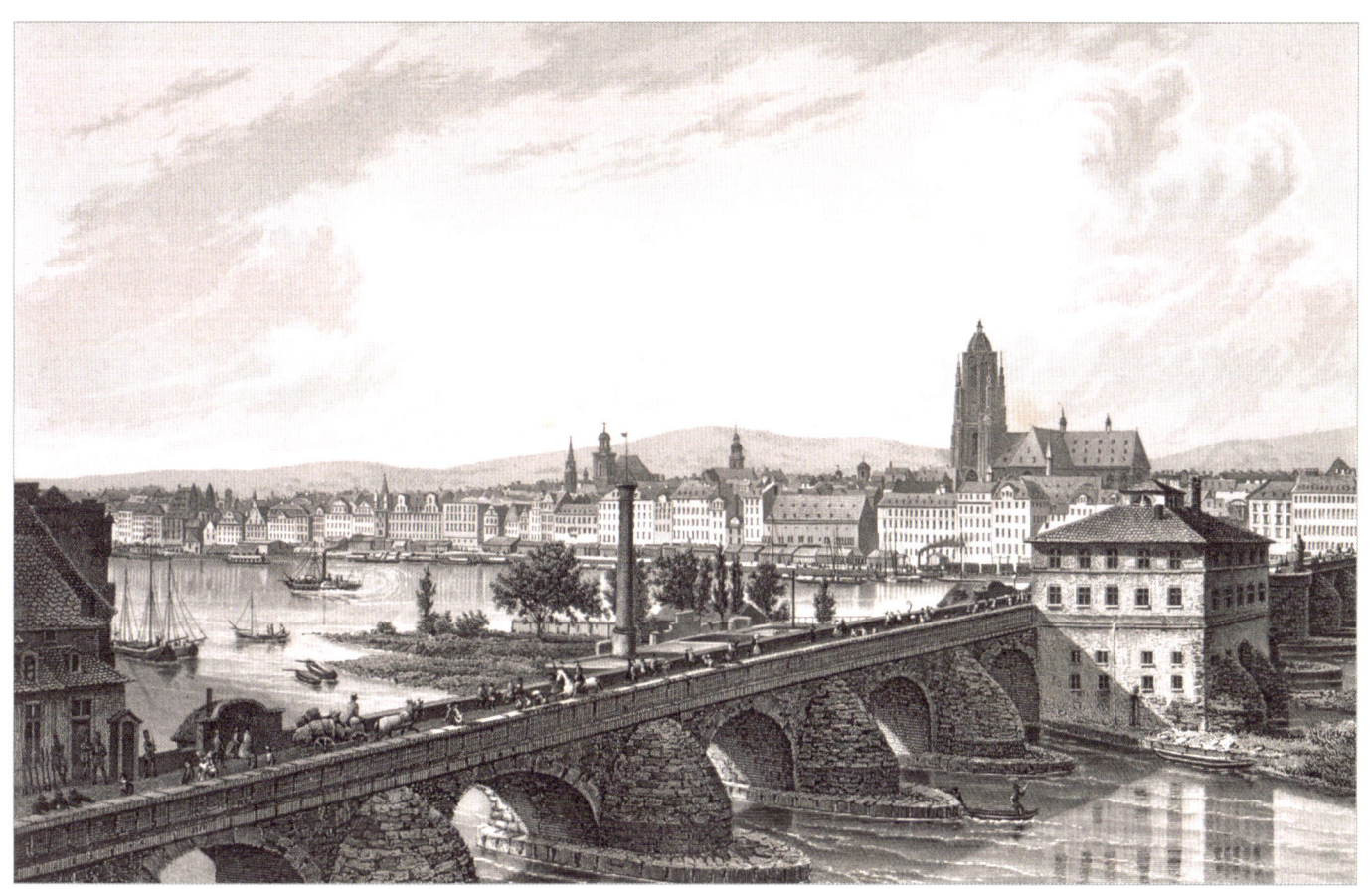

KAPITEL 1

„Ordentlicher Wochenmarckt" in Frankfurt, im Hintergrund der Kaiserdom. Kolorierter Stahlstich um 1800.

Heute ist Frankfurt zusammen mit London und Paris ein Zentrum der europäischen Finanzwirtschaft. In der Stadt mit der markanten Skyline finden sich die Europäische Zentralbank, die Deutsche Bundesbank und die Deutsche Börse. Mehr als zweihundert in- und ausländische Banken hatten 2011 ihren Hauptsitz oder eine Niederlassung in Frankfurt. Durch ihre zentrale Lage gehört die Stadt mit dem Frankfurter Flughafen, dem Hauptbahnhof und dem Frankfurter Autobahnkreuz, an dem die alten Nord-Süd- und West-Ost-Handelswege aufeinandertreffen, zu den wichtigsten Verkehrsknotenpunkten Europas.

Goethe bei Familie Hauck

BEGEGNUNG ZWISCHEN DICHTER UND BANKIER

Das Handelshaus Gebhard & Hauck hatte schon bald nach seiner Gründung beachtliche Erfolge aufzuweisen. In einer alten Familienchronik heißt es: „Durch Sachkenntnis, Thätigkeit und peinliche Gewissenhaftigkeit in den Geschäften gelangte die Firma zu großem Ansehen." Dennoch bedeutete dies nicht, dass Friedrich Michael Hauck sich ausschließlich den Geschäften widmete: „Lectüre und Verkehr mit trefflichen Männern waren seine liebste Unterhaltung."

So vielfältig und möglicherweise geschäftsfern die Interessen des Kaufmanns Hauck waren, so weit reichte auch der Horizont Johann Wolfgang von Goethes über das Gebiet der Literatur und der schönen Künste hinaus. Mit Anthropologie, Geologie, Botanik, Osteologie und vor allem der Wissenschaft der Farbenlehre hat sich der wohl berühmteste Sohn Frankfurts mehr als nur nebenbei beschäftigt. Bildung war im 18. Jahrhundert sehr viel allgemeiner und breiter angelegt als heute. Erstrebenswert waren nicht lediglich angelesenes Bücherwissen und reine Fachkompetenz, sondern eine möglichst umfassende Menschenbildung. Und die erlangte man am besten – im „Verkehr mit trefflichen Männern". So wundert es nicht, dass sich der Dichter Goethe und der Bankier Hauck auch einmal persönlich in Frankfurt begegneten.

Wie dem Tagebuch Goethes zu entnehmen ist, besuchte er am 19. Oktober 1814 anlässlich seines Aufenthalts in Frankfurt am Main unter anderem die Familie Hauck. Die genauen Gesprächsthemen sind nicht überliefert. Sie mögen rein privater Natur gewesen sein, denkbar ist allerdings auch, dass sich Goethe mit Friedrich Michael Hauck über Finanzfragen ausgetauscht hat: Mephistos Papiergeldzauber im zweiten „Faust", bei der das Prinzip der abstrakten Wertschöpfung als blenderischer Reichtum entlarvt wird, verrät intime Kenntnisse des Geld- und Finanzwesens.

KAPITEL 1

1787 porträtierte Johann Heinrich Wilhelm Tischbein den Dichter Johann Wolfgang von Goethe vor antiken Kunstobjekten in römischer Landschaft. Dieses wohl bekannteste Goethe-Porträt befindet sich im Städel-Museum in Frankfurt am Main.

Vor dem Namen „Hauck" steht am selben Tag in Goethes Tagebuch der Name „Melber". Die aus „Dichtung und Wahrheit" bekannte „Tante Melber" war die Schwester von Goethes Mutter. Ihre Nachkommen wiederum bekleideten während und nach dem Zweiten Weltkrieg wichtige Ämter in der Bank Georg Hauck & Sohn. Genau genommen übertrug Adolf Melber, ein Urenkel der Tante Melber, 1939 das renommierte Bankhaus J. Ph. Kessler auf Georg Hauck & Sohn und wurde persönlich haftender Gesellschafter – der erste, der nicht der Familie Hauck entstammte (siehe Seite 103).

Tagebuchblatt Johann Wolfgang von Goethes zum 19. Oktober 1814. Unter den Personen, die er anlässlich seines Frankfurt-Aufenthalts besuchte, findet sich auch der Name „Hauck".

KAPITEL 1

Das Bankhaus Ferdinand Hauck

KONZENTRATION AUF DAS FIRMENKUNDENGESCHÄFT

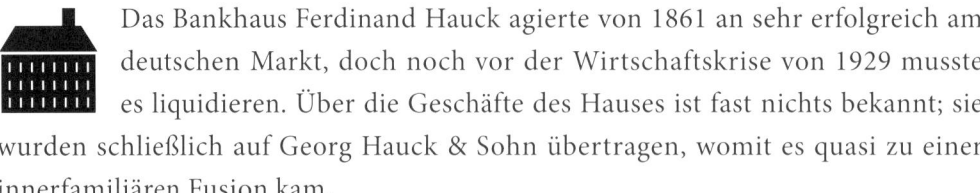 Das Bankhaus Ferdinand Hauck agierte von 1861 an sehr erfolgreich am deutschen Markt, doch noch vor der Wirtschaftskrise von 1929 musste es liquidieren. Über die Geschäfte des Hauses ist fast nichts bekannt; sie wurden schließlich auf Georg Hauck & Sohn übertragen, womit es quasi zu einer innerfamiliären Fusion kam.

Bemerkenswert sind jedoch die Persönlichkeiten, die das Haus Ferdinand Hauck hervorbrachte. Nach dem Tod des Namensgebers 1888 übernahmen seine Söhne Heinrich und August die Geschäfte; sie waren Anfang der 1870er-Jahre in die Bank eingetreten. Die Teilhaber waren in den Aufsichtsräten zahlreicher Frankfurter Unternehmen und Banken vertreten, unter anderem bei der Frankfurter Hypothekenbank. Das legt die Vermutung nahe, dass sich das Haus Ferdinand Hauck auf das Firmenkundengeschäft konzentrierte.

Der 1890 geborene Sohn von Heinrich Hauck, Hans Heinrich Hauck, war der letzte Gesellschafter von Ferdinand Hauck und trat 1926 in den Vorstand der Frankfurter Bank ein. In dieser Funktion war er nach dem Zweiten Weltkrieg maßgeblich an der Fusion der Frankfurter Bank und der Reichs-Kredit-Gesellschaft beteiligt. Damit war der Grundstein zu einer nunmehr überregionalen Kreditanstalt sowie zum späteren Zusammenschluss mit der Berliner Handels-Gesellschaft zur BHF gelegt. Zudem war Hans Heinrich Hauck wesentlich an der Gründung der Frankfurter Kassenvereins AG als Wertpapiersammelstelle beteiligt, dessen Aufsichtsratsvorsitz er über viele Jahre innehatte. Hans Heinrich Hauck war ferner von 1951 bis 1960 Präsident der Frankfurter Wertpapierbörse, deren Vorstand er zuvor schon angehört hatte. Auch kulturell war er eng mit Frankfurt verbunden: durch seine Tätigkeit unter anderem als langjähriger Schatzmeister der Vereinigung von Freunden und Förderern der Frankfurter Goethe-Universität, deren Ehrenbürger er wurde; zudem war er Vizepräsident der Zoologischen Gesellschaft, gründete die Stiftung Hessischer Jägerhof und erhielt 1955 die Ehrenplakette der Stadt Frankfurt. 1964 starb Hans Heinrich Hauck bei seiner großen Leidenschaft, der Jagd.

Im Interesse der regionalen Unternehmer

DIE HAUCKS UND DIE FRANKFURTER HANDELSKAMMER

Die Frankfurter Industrie- und Handelskammer – bis 1924 nur „Handelskammer" – ist eine Gründung aus dem Jahr 1808. Schon 1821 machten die Mitglieder den Bankgründer Friedrich Michael Hauck zum „Senior" und damit zu ihrem Präsidenten. Da er erst Ende des 18. Jahrhunderts nach Frankfurt gekommen war und keiner städtischen Familiendynastie entstammte, spiegelt die Berufung an die Spitze der Handelskammer sein in kurzer Zeit erworbenes Renommee wider.

Haucks Präsidentschaft fiel in eine Zeit, als es für Frankfurt um die entscheidende Frage ging, ob die Stadt dem von Preußen angestrebten Deutschen Zollverein beziehungsweise seinen Vorläufern beitreten sollte. Die Großkaufleute und Bankiers lehnten eine Zugehörigkeit ab, die Klein- und Manufakturhändler waren in der Mehrheit für einen Beitritt. Friedrich Michael Hauck, der im Gegensatz zu vielen seiner Bankkollegen die Chancen eines einheitlichen Zollgebiets sah, vermittelte zwischen den divergierenden Interessen. Dabei half ihm, dass Gebhard & Hauck als Speditionshandlung sowie als Bank beide Seiten aus eigener Erfahrung kannte und beurteilen konnte. Die Chronik von 1908 vermerkte zu seiner Präsidentschaft: „Hauck hat sich große Verdienste, besonders um die handelspolitische Betätigung der Handelskammer erworben." Nicht mehr zu seiner Präsidentschaft, die 1829 geendet hatte, aber noch zu seinen Lebzeiten konnte sich Friedrich Michael Hauck bestätigt fühlen: Frankfurt trat 1836 dem Deutschen Zollverein bei.

Zwölf Jahre war Otto Hauck Präsident der Frankfurter Handelskammer. 1933 drängten die Nationalsozialisten ihn und das gesamte Präsidium aus dem Amt. Zugleich sandte man ihm die in der Handelskammer ausgestellte Bronzebüste des Bildhauers Richard Scheibe zurück. Sie steht heute im Foyer des Bankhauses Hauck & Aufhäuser in der Frankfurter Kaiserstraße.

IM INTERESSE DER REGIONALEN UNTERNEHMER

Otto Hauck (1863 bis 1934) folgte im 20. Jahrhundert in die Fußstapfen seines Urgroßvaters. Seit 1904 Mitglied und ab 1915 Vizepräsident der Frankfurter Handelskammer, wurde er 1921 ihr Präsident. Unter seiner Führung kam es unter anderem zum Zusammenschluss der Handelskammern Frankfurt, Hanau, Fulda und Wetzlar sowie zur Namenserweiterung „Industrie- und Handelskammer", um die gestiegene Bedeutung der Industrieunternehmen zu unterstreichen. Seine Funktion brachte es ferner mit sich, dass er Ende Oktober 1923 die Notgeldscheine unterschrieb, die anstelle der fast wertlosen Mark in Umlauf gebracht wurden.

Das Ende von Otto Haucks Präsidentschaft kam abrupt. Die Vorbereitungen der IHK zu Haucks 70. Geburtstag am 10. April 1933 liefen bereits, ihm sollte eine nur sehr selten vergebene Auszeichnung, die Goldene Medaille, überreicht werden. Doch noch vor dem Festakt traten Otto Hauck und die Mitglieder des Präsidiums am 31. März 1933 geschlossen zurück. Die Hintergründe lassen sich nicht mehr rekonstruieren, die liberale Einstellung des Präsidiums dürfte ein wesentliches Motiv gewesen sein. Schon zwei Jahre zuvor – also noch vor Machtantritt der Nationalsozialisten – hatte Otto Hauck namens der IHK einen viel beachteten Aufruf gegen den aufkommenden Antisemitismus unterzeichnet. Gauleiter Jakob Sprenger ließ eine Versammlung stürmen, SS-Leute trieben die Teilnehmer „im Gänsemarsch" und mit erhobenen Händen anschließend durch die Stadt zum Polizeipräsidium. Die von Richard Scheibe angefertigte und seit Jahren in der IHK befindliche Büste Otto Haucks ließen die Machthaber entfernen und an Haucks Privatadresse schicken.

Zum Tode Otto Haucks im November 1934 konnte sich die IHK nur zu einem Kondolenzschreiben an die Familie ermannen, eine öffentliche Würdigung gab es nicht. Die außergewöhnlich zahlreichen Trauergäste bei seiner Beerdigung indes zeugten von der großen Achtung und der Sympathie, die Otto Hauck in Frankfurt genossen hatte.

KAPITEL 2

Die Wurzeln des Bankhauses H. Aufhäuser

Heinrich Aufhäuser lernte das Bankgeschäft während der Gründerzeit, nach 15 Jahren als Bankier machte er sich mit seinem Kapitalgeber Samuel Scharlach selbständig. Im ersten Geschäftsjahr betrug das Eigenkapital von Aufhäuser & Scharlach nur 14.414 Gulden, 13.000 davon stammten von Scharlach. Heinrich Aufhäuser erkannte die wirtschaftliche Dynamik der Zeit – und die Perspektiven, die sich einem Privatbankier in München boten.

1870 hatten Heinrich (Hirsch) Aufhäuser und Samuel Scharlach ihr Bankgeschäft beim Gewerbeamt angemeldet. Nun versuchten sie, mit folgender Anzeige in den „Münchener Neuesten Nachrichten" auf sich aufmerksam zu machen: „Unterm Heutigen eröffnen wir am hiesigen Platze ein Bank- und Wechselgeschäft und empfehlen uns im Ein- und Verkaufe aller Sorten Staats- & Industrie-Papiere, Actien, Loose etc., sowie in Umwechslung aller Geldsorten und sichern streng reelle Bedienung zu. Aufhäuser & Scharlach, Nr. 12 Ecke Schäffler- und Windenmachergasse."

Heinrich Aufhäuser – von jüdischer Abstammung – hatte im Jahr 1855 als gerade 13-Jähriger seinen Geburtsort Hainsfarth verlassen. Von diesem Dorf in der Nähe der Stadt Oettingen ging er nach München, um dort eine Lehre bei der 1830 gegründeten Bank J. N. Oberndoerffer zu beginnen. Sein Vater Moses Löw Aufhäuser, ein Händler in Pelzfellen, wollte ihm die Chance auf ein besseres Leben als das eigene eröffnen. Zu Hilfe kamen dabei wohl auch verwandtschaftliche Beziehungen: Moses Aufhäuser hatte 1838 Cäcilie Oberndorffer geheiratet. Trotz unterschiedlicher Schreibweise, was zur damaligen Zeit häufig vorkam, sprechen diverse Indizien dafür, dass sie eine entfernte Verwandte der Familie des Münchener Bankgründers Joel

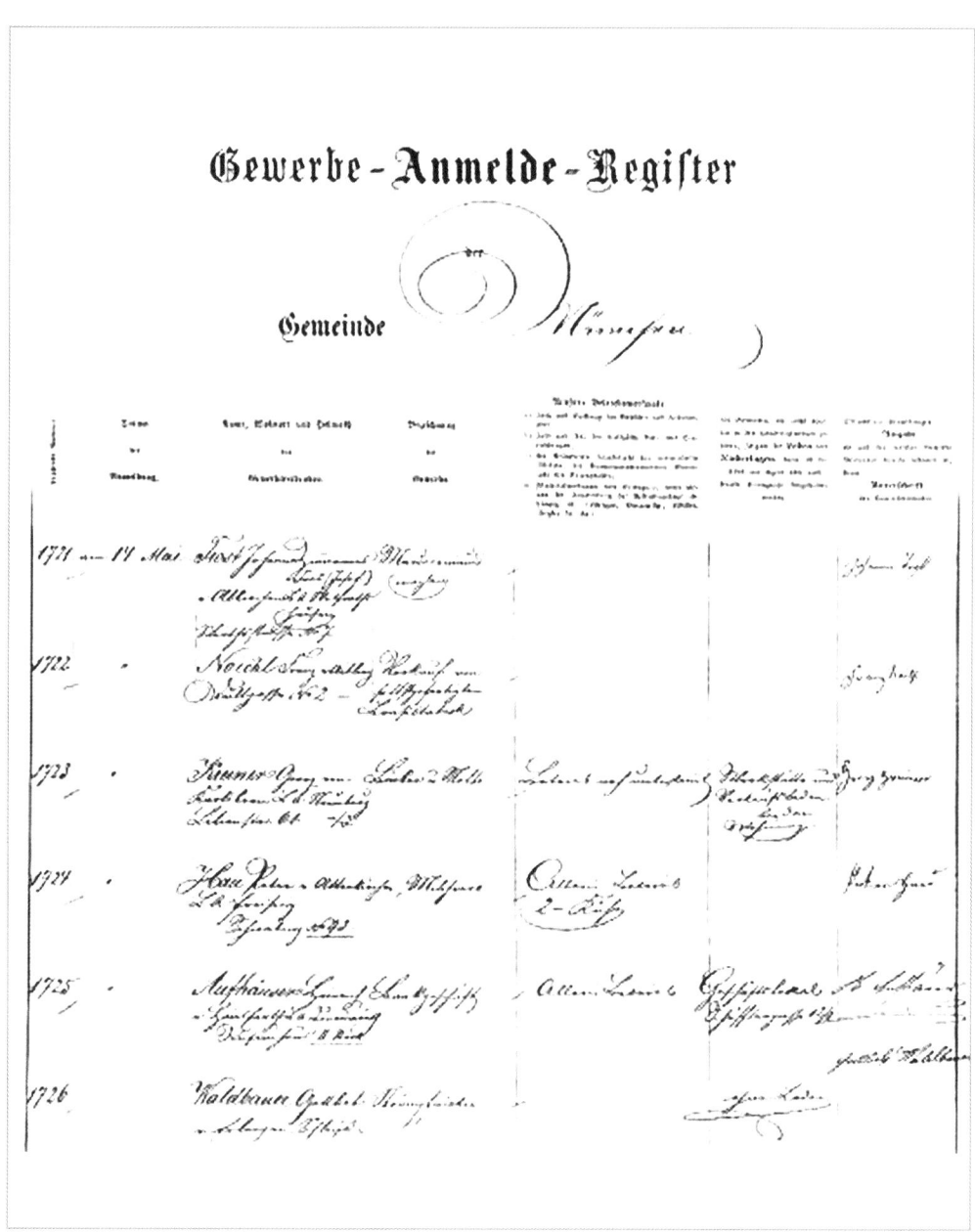

Am 14. Mai 1870 meldeten Heinrich Aufhäuser und Samuel Scharlach im städtischen Gewerbeamt den „Betrieb eines Bankgeschäftes" an. Gewerbeanmeldung.

Nathan Oberndoerffer war. Da viele deutsche Juden beispielsweise aufgrund der restriktiven Ansiedlungsbedingungen gezwungen waren, ihre Existenz fern des Heimatortes aufzubauen, erhöhte dies die Bereitschaft, Verwandte oder Bekannte in der Fremde zu unterstützen. Davon profitierte offensichtlich auch Heinrich Aufhäuser.

> **Oesterreichische Couponss per 1. Oktober,**
> **Amerikanische Coupons per 1. November,**
> werden bereits bestens eingelöst bei
> 73.846
> **Aufhäuser & Scharlach,**
> 12 Schäfflergasse 12.

Die neu gegründete Bank spezialisierte sich von Anfang an auf den Effektenhandel mit Papieren in- und ausländischer Emittenten. Geschäftsanzeige des Bankhauses Aufhäuser & Scharlach vom 16. September 1870.

Nach seiner Lehrzeit wurde Heinrich Aufhäuser von J. N. Oberndoerffer übernommen, und nur wenig später bekleidete er die verantwortungsvolle Stellung des „Cassierers". J. N. Oberndoerffer war damals eine der renommiertesten Banken in München; das Haus spielte eine große Rolle im Wirtschaftsleben der Stadt. Die Kundschaft war sehr wohlhabend, zudem machte man Geschäfte für den bayerischen Königshof. Zum Senior der Bank, Samson Oberndoerffer, pflegte Heinrich Aufhäuser eine sehr enge Beziehung – auch dies ein Hinweis darauf, dass Heinrich Aufhäuser als Mitglied der erweiterten Familie angesehen wurde und nicht als ein „normaler" Angestellter. Nach 15 Jahren beim Bankhaus Oberndoerffer machte sich Heinrich Aufhäuser mit seiner eigenen Bank selbständig – und nahm wohl auch ein paar Kunden seines ehemaligen Arbeitgebers mit.

Die neu gegründete Bank spezialisierte sich auf den Effektenhandel, also den An- und Verkauf von Wertpapieren, zunächst hautsächlich auf eigene, später zunehmend auf

DIE WURZELN DES BANKHAUSES H. AUFHÄUSER

Rechnung Dritter. In begrenztem Umfang betrieb Aufhäuser & Scharlach auch das Sortengeschäft – die einheitliche deutsche Währung „Mark" wurde in Bayern erst 1876 eingeführt. Die 1830 gegründete Börse in München fristete jahrzehntelang ein Schattendasein, was sich bis in die 1860er-Jahre nicht wesentlich änderte. Heinrich Aufhäuser erkannte aber die wirtschaftliche Dynamik, die sich allmählich auch an den Börsen aufbaute, und die Perspektiven, die sich ihm als Privatbankier boten. Größere regionale Banken und die Anfang der 1870er-Jahre in den Großstädten gegründeten Aktienbanken (unter anderem Deutsche Bank, Commerz- und Discontobank, Dresdner Bank) beschlossen erst sehr viel später, Filialen in der Provinz zu eröffnen. Bis dahin sahen sie die regional verankerten Privatbankiers als zweckdienliche Partner an. Dies erlaubte es auch kleineren Häusern wie Aufhäuser & Scharlach, eine vergleichsweise große Rolle bei der Entwicklung des Münchener Finanzplatzes zu spielen: Das Haus fungierte als Bindeglied zwischen einem wohlhabenden, anlagesuchenden Publikum und den auf Emissionen von Aktien und Anleihen spezialisierten Großbanken.

Für den Effektenhandel war dieses vermögende Klientel vonnöten. Rund 30 Stammkunden zählte die Bank in den ersten Jahren, darunter viele Adelige und Offiziere bis zum Generalsrang. Der Standort der Bank in der Schäfflergasse und damit im Herzen der Stadt in unmittelbarer Nähe zur Frauenkirche war entsprechend ausgewählt: Er lag im sogenannten Kreuzviertel. Dieses war seit dem frühen 17. Jahrhundert bevorzugtes Quartier des Adels mit seinen prachtvollen Palais. Auffallend ist die relativ hohe Quote an Frauen, möglicherweise reiche Witwen. Auch der katholische Frauenbund vertraute dem jüdischen Bankhaus seine Gelder an. Betreut wurden die Kunden ausschließlich von Heinrich Aufhäuser, Angestellte gab es erst ab 1882. Von dem, was wir heute „Diversifikation" nennen, hatte Aufhäuser durchaus eine Vorstellung: Schon in den Anfangsjahren der Bank bot er seinen Kunden eine große Auswahl verschiedener Wertpapiere an, die er auf diversen nationalen wie internationalen Finanzplätzen erwarb.

Fast dreißig Jahre lang hatte das Bankhaus H. Aufhäuser seinen Sitz in der Schäfflergasse. Das Haus Nummer 12 wechselte in dieser Zeit mehrmals den Besitzer. 1891 erwarb die Kaminkehrerswitwe Wilhelmine Hermanseckler das Gebäude für 220.000 Mark. Der „Mieth-Vertrag" mit dem Bankhaus ist erhalten; der jährliche „Mieth-Zins" betrug 1.880 Mark, „welche Summe in vierteljährlichen Raten pünktlich zu bezahlen" war. Mietvertrag für Aufhäuser & Scharlach in der Schäfflergasse 12 von 1891.

Schon im ersten (Rumpf-)Geschäftsjahr wies Aufhäuser & Scharlach einen Gewinn von rund 5.000 Gulden aus. Bis 1872 stieg der Gewinn auf rund 45.200 Gulden, und das Eigenkapital wuchs um das Achtfache. Die Bankgründer hatten die sich bietende günstige Konstellation antizipiert: Angetrieben durch den allgemeinen wirtschaftlichen Aufschwung und die 1868 schließlich auch in Bayern eingeführte Gewerbefreiheit erlebte München einen enormen Wohlstandsschub. Die Stadt an der Isar entwickelte sich von einem ökonomisch relativ unbedeutenden Regionalzentrum zur wirtschaftsstärksten Stadt in Bayern.

Doch 1873 kippte die konjunkturelle Stimmung, aufgebaute Überkapazitäten und Überschuldungen entfalteten ihre fatalen Konsequenzen. Solchen Krisen quasi immanent, wurden auch Betrügereien aufgedeckt, darunter ein spektakulärer Fall in München bei der Dachauer Bank. Auch Aufhäuser & Scharlach machte die Krise zu schaffen: Ein Nettoverlust von knapp 25.000 Gulden musste verbucht, das Eigenkapital um fast 30 Prozent reduziert werden. Manche Aktienpakete „wurden der niedern Course halber" in der Bilanz erst gar nicht mehr mit einem Nennbetrag ausgewiesen. Insgesamt führte die Krise dazu, dass in München nur zwei bedeutende Privatbanken überlebten: Aufhäuser & Scharlach und Merck Finck & Co. (ebenfalls 1870 unter dem Namen Merck, Christian & Co. von Heinrich Johann Merck und Adolf Karl-Ludwig Christian gegründet). Dass Aufhäuser & Scharlach diese schwere Zeit gut überstand, lag auch an den Überbrückungskrediten, die es von anderen Banken erhielt – ein Zeichen für das Vertrauen, das das junge und nach wie vor kapitalschwache Finanzinstitut genoss, sowie seiner anerkannten Relevanz für den Finanzplatz München.

Heinrich Aufhäuser war es von Anbeginn gelungen, Aufhäuser & Scharlach in ein weitverzweigtes nationales wie internationales Bankennetzwerk einzuflechten. In Paris unterhielt man beispielsweise Geschäftsbeziehungen zu Charles Weisweiler, I. O. Neuman, Crédit Lyonnais, in London zu Anglo Foreign Banking, A. O. Uhlmann & Co., Wagner & Co., in Rom zu Schmitt & Cie. In Österreich tätigte Heinrich Aufhäuser Geschäfte mit Morpurgo & Weisweiler (Vorarlberg), Wollheim & Weisweiler (Wien), der Anglo-Österreichischen Bank, der Franco-Österreichischen Bank, Jacques Weiss, Roth & Nemschitz und der Mercurbank, in der Schweiz mit der Basler Handelsbank.

KAPITEL 2

Aber auch zu diversen deutschen Aktienbanken sowie weiteren nationalen Privatbanken pflegte Heinrich Aufhäuser beste Kontakte. Zu erwähnen sind neben der damals größten Bank, der Disconto-Gesellschaft, die Deutsche Bank (Berlin), die Darmstädter Bank (Berlin und Frankfurt), die Dresdner Bank (Berlin), die Mitteldeutsche Creditbank (Berlin und Frankfurt), Arons & Walter (Berlin), Gebr. Gutman (Augsburg und Berlin), die Bank für Handel und Industrie (Frankfurt), H. Morgenroth (Bamberg), Gebr. Arnhold (Dresden), M. Auerbach (Karlsruhe) und die Pfälzer Bank (Ludwigshafen). Eine südöstliche Fokussierung ist unverkennbar; das für viele Banken wichtige Ruhrgebiet sowie Hamburg als Welthandelsplatz spielten hingegen kaum eine Rolle.

Auf regionaler Ebene hatte Heinrich Aufhäuser schließlich bis spätestens zur Jahrhundertwende zu allen wesentlichen bayerischen Banken Geschäftsbeziehungen aufgebaut: zur Bayerischen Vereinsbank, Bayerischen Hypotheken- und Wechselbank, Bayerischen Notenbank, Königlichen Filialbank und zur Bayerischen Bodencredit-Anstalt.

Teilweise nutzte Aufhäuser & Scharlach auch bestehende familiäre Netzwerke anderer Banken, wie das der ebenfalls jüdischen Frankfurter Familie Weisweiler. Die jüdische Religionszugehörigkeit spielte jedoch eine untergeordnete Rolle; dies zeigen die vielen Beziehungen zu nicht jüdischen Banken. An den maßgeblichen Finanzplätzen arbeitete Aufhäuser & Scharlach stets mit mindestens zwei Banken als Partnern zusammen. Diese Flexibilität gestattete es dem Haus, im Fall einer Krise, wie im Jahr 1873, Geschäfte relativ problemlos auf andere Adressen umzulenken.

In einer Zeit, als die Telegrafenverbindung das schnellste Kommunikationsmittel war und noch niemand an professionelle Wertpapieranalysen dachte, war der Bankier Heinrich Aufhäuser auf der Suche nach Informationen über Erfolg versprechende Investments auf die Banken an den wichtigsten Finanzplätzen angewiesen. Dass eine

DIE WURZELN DES BANKHAUSES H. AUFHÄUSER

Die Geschäfte der Bank entwickelten sich so gut, dass die Räume in der Schäfflergasse bald zu klein wurden. 1897 machte Heinrich Aufhäuser ein geeignetes Objekt in der unmittelbar benachbarten Löwengrube 20 ausfindig, das er für 160.000 Mark erwarb und von dem renommierten Architekten Karl Stöhr umbauen ließ. 1899 siedelte das Bankhaus in sein neues Domizil über – wo es auch heute noch beheimatet ist. Heinrich Aufhäuser mit seinen Söhnen Martin und Siegfried vor dem Gebäude Löwengrube 20 im Jahr 1905.

Bank eine andere mit diesen Auskünften versorgte, war damals nichts Ungewöhnliches. Folglich tauchten schon in den ersten Bilanzen neben Staatsobligationen und Pfandbriefen aus Bayern auch Anleihen aus Österreich-Ungarn, Rumänien, Spanien, Ägypten und den USA auf. Hinzu kamen diverse Lose (unter anderem aus Brüssel, Madrid und Mailand) sowie Aktien insbesondere von Eisenbahngesellschaften, etwa aus Bayern, Österreich-Ungarn und Oregon/USA. Da an der Münchener Börse nur wenige Wertpapiere gehandelt wurden, bezog Heinrich Aufhäuser diese von anderen Finanzplätzen; in den Anfangsjahren in erster Linie aus Frankfurt am Main und Wien.

Kaum war die Gründerkrise Anfang der 1890er-Jahre überwunden, stand die Bank vor neuen Herausforderungen: Die Aktienbanken – noch unter tatkräftiger Hilfe der Privatbankiers gegründet – machten diesen nun das Leben schwer. Hinzu kamen

KAPITEL 2

geänderte administrative und ökonomische Rahmenbedingungen. Wollte Aufhäuser & Scharlach überleben und seine Unabhängigkeit bewahren, musste das Haus darauf reagieren. Auch wenn das bedeutete, das Geschäftsmodell neu auszurichten.

München

IRRUNGEN UND WIRRUNGEN AUF DEM WEG ZUR METROPOLE

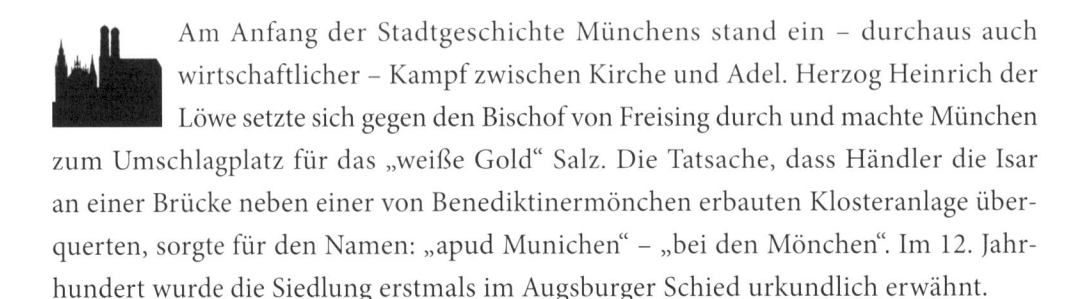

Am Anfang der Stadtgeschichte Münchens stand ein – durchaus auch wirtschaftlicher – Kampf zwischen Kirche und Adel. Herzog Heinrich der Löwe setzte sich gegen den Bischof von Freising durch und machte München zum Umschlagplatz für das „weiße Gold" Salz. Die Tatsache, dass Händler die Isar an einer Brücke neben einer von Benediktinermönchen erbauten Klosteranlage überquerten, sorgte für den Namen: „apud Munichen" – „bei den Mönchen". Im 12. Jahrhundert wurde die Siedlung erstmals im Augsburger Schied urkundlich erwähnt.

Vom ökonomischen Gesichtspunkt aus betrachtet, spielte München bis weit ins 19. Jahrhundert jedoch nur eine marginale Rolle. Erst die spät im 19. Jahrhundert eingeführte Gewerbefreiheit brachte Aufschwung und Reichtum. Dennoch hielt München um 1700 mit gerade einmal 24.000 Einwohnern noch seinen Schönheitsschlaf. Auch 1871 zählte die Stadt erst 170.000 Bürger, 1914 dann hatte sich die Einwohnerzahl fast verdreifacht. Die prominente Lage im Herzen Europas, die Verlagerung der Universität von Ingolstadt nach München, der Beginn der Industrialisierung und mit ihr der Eisenbahnbau – all dies ließ das Bevölkerungswachstum geradezu explodieren.

Mit der Industrialisierung und der Zunahme der Einwohnerzahl stieg auch die Nachfrage nach Bankdienstleistungen. Privatkunden verlangten nach Anlagekonten und Kleinkrediten, Industrie- und Gewerbebetriebe brauchten Großkredite oder strebten

MÜNCHEN

München um 1900, Blick über Isar und Maximiliansbrücke auf Stadt und Dom. Photographie um 1900.

an die Börse. Da die großen Aktienbanken in der „Münchener Provinz" noch nicht präsent waren, besaßen die ortsansässigen Privatbankiers eine gute Geschäftsgrundlage. Anfang des 20. Jahrhunderts erblühte auch die Kultur. Der Stadtteil Schwabing wurde zum Mekka von Literaten und Malern: Der Jugendstil hatte hier seinen Ausgangspunkt, 1911 rief Wassily Kandinsky den „Blauen Reiter" ins Leben. Literaten wie Paul Heyse, Rainer Maria Rilke, Ludwig Thoma, Stefan George und die Brüder Thomas und Heinrich Mann kultivierten in München ihr gut situiertes Bohemien-Leben und pflegten Umgang mit schillernden Intellektuellen wie der „Skandalgräfin" Franziska zu Reventlow oder dem Revolutionär Wladimir Lenin. „München leuchtete" – dieser Ausspruch Thomas Manns wurde zum geflügelten Wort.

Alles änderte sich mit der Machtergreifung im Januar 1933. Münchens Königsplatz erlangte traurige Berühmtheit als „Allerheiligstes" von Adolf Hitler. Hier entstanden „Führerbau" und „Ehrentempel", Hitler ernannte München zur „Hauptstadt der Bewegung". Einer, der sich besonders hervortat, die jüdische Bevölkerung aus dem Wirtschaftsleben zu vertreiben, war Oberbürgermeister Karl Fiehler. Doch zunächst konnten die jüdischen Unternehmen und Bankhäuser dem nationalsozialistischen Druck standhalten, denn noch waren sie national und international stark verflochten. Nach der sogenannten „Reichspogromnacht" im November 1938 kam jedoch das endgültige Aus: Die letzten jüdischen Firmen wurden liquidiert oder mussten in „arische" Hände überführt werden – darunter auch das Bankhaus H. Aufhäuser.

Im Zweiten Weltkrieg wurde die Stadt zu großen Teilen zerstört. Nach dem am historischen Stadtbild orientierten Wiederaufbau gelang es ihr jedoch rasch, an die Vorkriegsentwicklung anzuknüpfen. Mehr als 2,6 Millionen Menschen leben heute im Großraum München, Beschäftigung finden sie unter anderem bei sieben der 30 Dax-Konzerne, darunter Firmen wie BMW, MAN, Siemens und Linde. Mit Allianz und Münchener Rück ist München Spitzenreiter in der Versicherungsbranche, mit rund 50 Banken der deutsche Finanzplatz Nummer zwei. Auch in schlechten Zeiten wartet die „heimliche Hauptstadt" mit einer niedrigen Arbeitslosenquote auf. So ist München seit Jahren nicht nur die „Weltstadt mit Herz", sondern auch die deutsche Großstadt mit der höchsten Kaufkraft – und beherbergt damit genügend Kundschaft für Privatbankiers.

Heinrich Aufhäuser

EIN ENGAGIERTER BÜRGER MÜNCHENS

Mit Zugereisten ist das in Bayern manchmal so eine Sache … Doch bei Heinrich Aufhäuser dauerte es nur 17 Jahre, bis der aus der kleinen schwäbischen Gemeinde Hainsfarth Zugezogene in der Münchener Gesellschaft angekommen, geachtet und integriert war. Formell geschah dies im Jahr 1872 durch die Verleihung des Bürger- und Heimatrechts. Aber auch die vielen Ämter, die Aufhäuser bald innehatte, zeugen von der Wertschätzung, die man dem jungen Bankier

Mitglieder der Bankiersfamilie Aufhäuser hatten traditionell prominente Funktionen bei der Münchener Börse inne; später folgten ihnen Partner des Bankhauses in dieser Rolle. Handelssaal der Münchener Börse in der Max-Joseph-Straße um 1900.

KAPITEL 2

Leistungswille und der Mut zum unternehmerischen Risiko zahlten sich aus: Das Bankhaus Aufhäuser & Scharlach florierte schon wenige Jahre nach Aufnahme der Geschäftstätigkeit. 1892 konnte Heinrich Aufhäuser seinen Partner Samuel Scharlach auszahlen. Seit 1894 firmierte das Unternehmen, dessen stetige Aufwärtsentwicklung der Tatkraft seines Geschäftsführers zu verdanken war, unter dem Namen „Bankhaus H. Aufhäuser". Der Firmengründer: Heinrich Aufhäuser (1842 bis 1917).

an der Isar entgegenbrachte. Schon 1876 wurde er in den Vorstand der Münchener Börse gewählt; erst 1870 war H. Aufhäuser in der bayerischen Hauptstadt gegründet worden und gewann rasch an Bedeutung. 1899 berief man Heinrich Aufhäuser in den Vorstand des von unabhängigen Kaufleuten gegründeten Münchener Handelsvereins; dieser war Träger der Börse. Übrigens: Auch heute noch ist der Handelsverein alleiniger Aktionär der „Börse München".

Natürlich engagierte sich Heinrich Aufhäuser auch auf kulturellem und gesellschaftlichem Gebiet für die Isar-Metropole. Der jüdischen Gemeinde war er besonders verbunden. Hier hatte er früh Halt und Unterstützung gefunden. So war es für ihn nur konsequent, dass er sich besonders um die Weiterbildung und berufliche Qualifizierung bedürftiger Gemeindemitglieder kümmerte. 1892 wurde Heinrich Aufhäuser dann auch in den Vorstand der Israelitischen Kultusgemeinde gewählt. Für seine ehrenamtlichen Engagements wurde ihm in „Anerkennung seiner Verdienste um die heimische Wirtschaft" im Jahr 1914 vom letzten Wittelsbacher König, Ludwig III. von Bayern, der Ehrentitel eines „Königlich Bayerischen Kommerzienrates" verliehen.

Verheiratet war Heinrich Aufhäuser mit Rosalie Berliner (1850 bis 1924), der Tochter des Münchener Großhändlers Anton Berliner. Dieser war mit der gebürtigen Karoline Oberndoerffer verheiratet, womit Heinrich Aufhäuser über seine Schwiegermutter in verwandtschaftliche Beziehungen zu der Familie trat, zu der er bereits während seiner Ausbildung bei der Bank J. N. Oberndoerffer Kontakt hatte. Schwiegervater und Schwiegersohn waren darüber hinaus auch geschäftlich verbunden. Gleichwohl hielt sich der Umfang dieser Geschäfte in engen Grenzen – das Heiratsverhalten unterlag ganz offensichtlich keinem ökonomischen Zwang oder Bedürfnis.

Heinrich Aufhäuser starb am 25. September 1917 im Alter von 75 Jahren. Ein ausführlicher Nekrolog der „Münchener Neusten Nachrichten" dokumentierte die Beisetzung auf dem Israelitischen Friedhof in der Thalkirchner Straße. Der Bestattung hatten zahlreiche Vertreter der Finanzwelt und der Industrie, Offiziere, Mitglieder der jüdischen Kultusgemeinde sowie Vorstände des Münchener Handelsvereins beigewohnt. Heinrich Aufhäuser hatte aus einem kleinen Bankhaus ein anerkanntes, finanzstarkes Kreditinstitut aufgebaut, das national wie international exzellent vernetzt war. Seine Söhne Martin und Siegfried sollten die Geschäfte im Sinne des Firmengründers fortführen.

KAPITEL 2

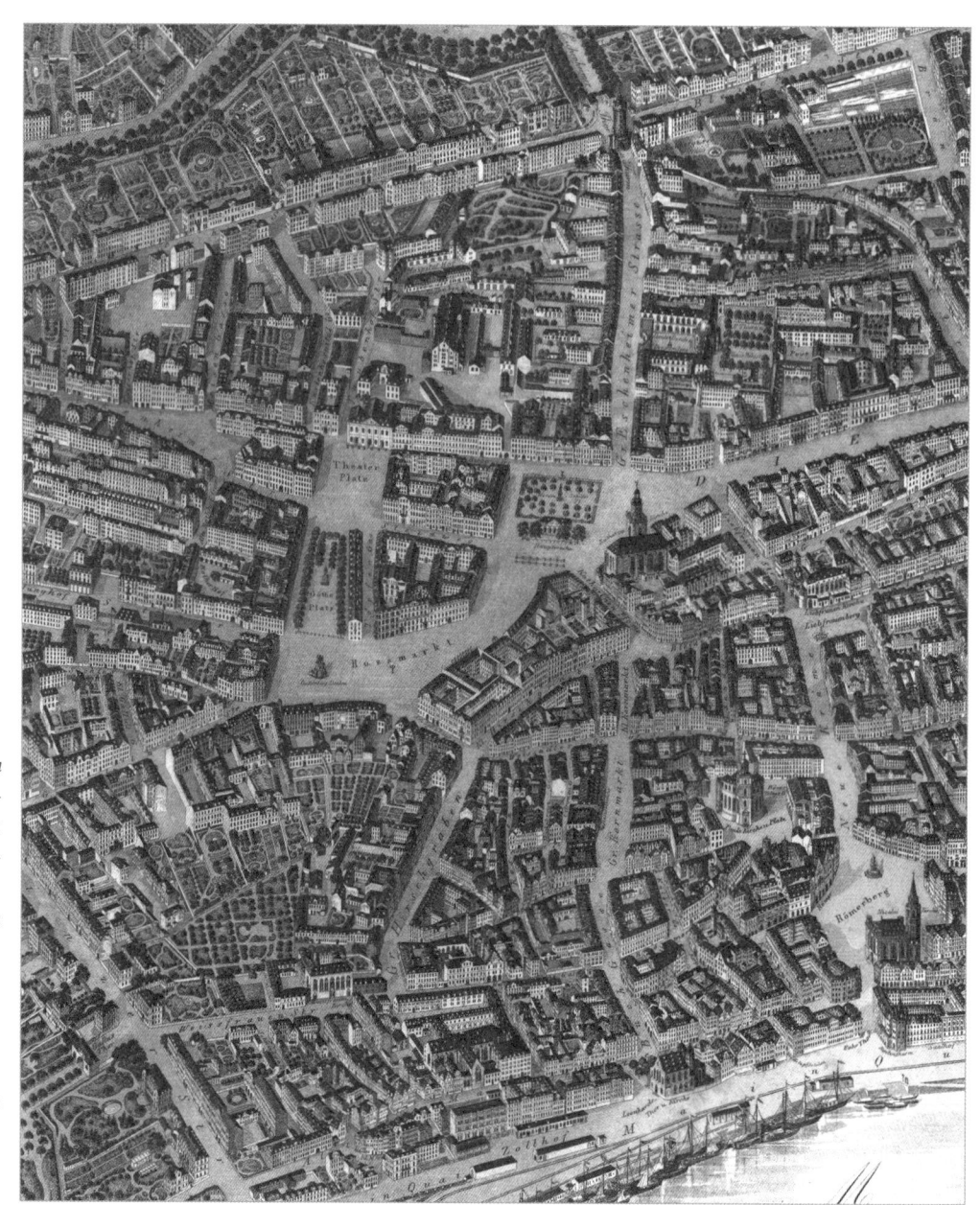

Zuerst im Großen Hirschgraben unweit des Roßmarktes beheimatet, zog Gebhard & Hauck 1857 in die Hochstraße (Häuserzeile oben). Nach Gründung von Georg Hauck & Sohn ging es wieder zurück in den Hirschgraben, bis man in der Neuen Mainzer Straße, ganz links auf der Karte, für Jahrzehnte eine Heimat fand. Die Kaiserstraße ist noch nicht zu sehen: Sie entstand erst in den 1870er-Jahren. Stadtansicht von Frankfurt am Main 1864.

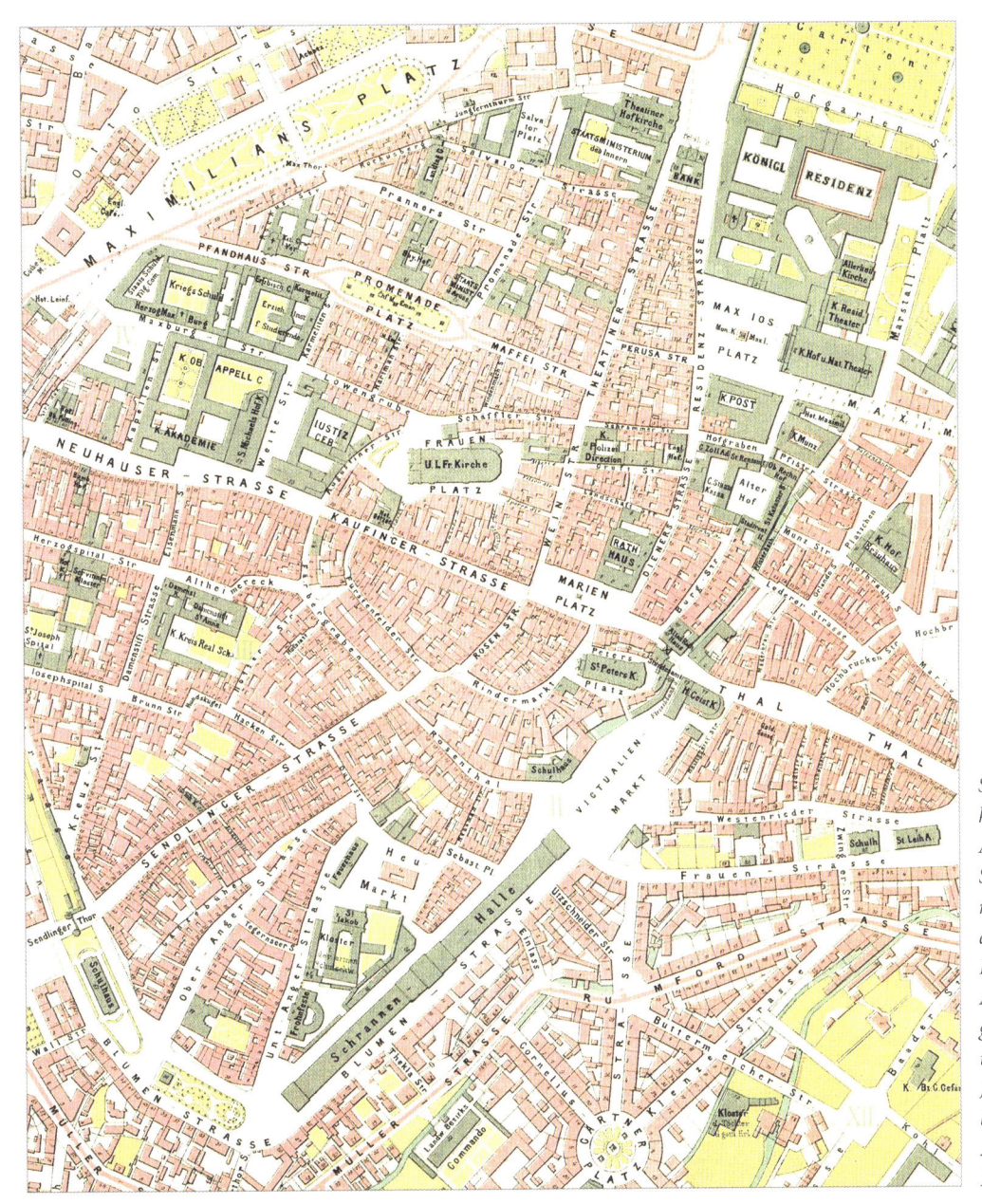

Stets im Schatten der Frauenkirche: Die Anfänge von H. Aufhäuser liegen in der Schäfflergasse, Ecke Windenmachergasse. 1902 wurde das Stammhaus abgerissen. Drei Jahre zuvor war H. Aufhäuser mit seinem Bankgeschäft in die Löwengrube 20 umgezogen. Im Lauf der Jahre kamen noch die Gebäude Nummer 18, 19 und 22 hinzu. Stadtansicht von München um 1880.

KAPITEL 3

Aufbau des Firmenkundengeschäfts

Die Gründungsdaten von Georg Hauck & Sohn und H. Aufhäuser liegen zwar fast 75 Jahre auseinander, dennoch gingen die beiden Banken ab Ende des 19. Jahrhunderts ähnliche Wege. Das Geschäft mit vermögenden Privatkunden war und blieb die Königsdisziplin, doch auch das Firmenkundengeschäft rückte immer mehr in den Mittelpunkt der Bankstrategien.

1884 wurde Alexander Hauck (1838 bis 1916) Alleingesellschafter von Georg Hauck & Sohn. Über seine und Heinrich Aufhäusers Motive, ihre Banken neu auszurichten, gibt es keine Aufzeichnungen. Mehrere Gründe dürften dafür ausschlaggebend gewesen sein, dass sich die beiden Häuser dem Firmenkundengeschäft zuwandten.

In Frankfurt war mit Rothschild, Bethmann und Metzler das Anleihegeschäft prominent besetzt; Wettbewerbern blieb hier nur wenig Raum zur Expansion. Hinzu kamen neue gesetzliche Bestimmungen: Jede größere Finanzkrise – dies zeigt die Geschichte – bringt Gesetze und Verordnungen hervor, die ähnliche Verwerfungen künftig verhindern sollen. Das war auch bei der Gründerkrise 1873 der Fall.

In den 1880er-Jahren wurden die Wertpapiertransaktionen durch die Steuergesetzgebung merklich verteuert. Das Börsengesetz von 1896 reglementierte den Wertpapierhandel in einem bisher nicht gekannten Ausmaß und bevorzugte einseitig die großen Aktienbanken. Privatbanken, denen es an Kapital mangelte, mussten entweder aufgeben oder sich starke Partner suchen. Ein Konsolidierungsprozess innerhalb der Finanzbranche kam in Gang, die Zahl der unabhängigen Privatbanken nahm in der Folgezeit dramatisch ab. Zudem verschärfte sich der Wettbewerb, da die Großbanken und später die Volksbanken und Sparkassen ihr Filialnetz und ihr Leistungsangebot erweiterten. Das Geschäftsmodell der Privatbankiers war also gleich von mehreren Seiten bedroht: Wollten sie ihre Unabhängigkeit bewahren, mussten sie auf die neuen Gegebenheiten reagieren.

Georg Hauck & Sohn und H. Aufhäuser taten dies durch eine Intensivierung der Industriefinanzierung, wenngleich die Vermögensverwaltung für Privatkunden fester Bestandteil des Geschäftsmodells blieb. So zählte H. Aufhäuser zum Beispiel Herzog Luitpold in Bayern und die Familie des Schriftstellers Thomas Mann zu seinen prominenten Kunden.

GEORG HAUCK & SOHN

Georg Hauck & Sohn ging zunächst dem klassischen Finanzierungsgeschäft nach, erkannte jedoch bald im Aktienhandel seine Zukunft. Das Bankhaus unterhielt enge Beziehungen zu den bedeutendsten Frankfurter Gesellschaften und war in Aufsichtsräten und Konsortien vertreten.

Viele Banken am Finanzplatz Frankfurt hatten die dynamische Entwicklung der Aktie als Anlageform und als Finanzierungsinstrument für Unternehmen schlicht verschlafen und hielten an der Anleihe als bevorzugtem Wertpapier fest. Nicht zuletzt dadurch verloren die Frankfurter Börse und der Finanzplatz insgesamt ihren Spitzenplatz an Berlin. Doch es gab auch Ausnahmen: Die in Frankfurt ansässige Privatbank Grunelius & Co. beispielsweise beteiligte sich schon seit Mitte des 19. Jahrhunderts an diversen Bank- und Industriegründungen auf Aktienbasis; darunter an der Frankfurter Bank, einer der ältesten Aktienbanken Deutschlands. Georg Hauck war von der Gründung 1854 bis 1857 Censor im Bankausschuss der Frankfurter Bank und später auch Mitglied des Aufsichtsrats. Sein Sohn Alexander übernahm das Aufsichtsratsmandat von 1892 bis 1905. 1862 wurde in Frankfurt zudem die erste reine

KAPITEL 3

1880 waren die Farbwerke Hoechst, vormals Meister, Lucius & Brüning, in eine Aktiengesellschaft umgewandelt worden, 1888 folgte die Börseneinführung. Nur zwei Banken haben den Prospekt unterschrieben: Georg Hauck & Sohn und J. J. Weiller Söhne. Auch zwei Kapitalerhöhungen zu Beginn des 20. Jahrhunderts wurden von diesen beiden Banken durchgeführt. Börseneinführungsprospekt der Farbwerke Hoechst AG, 1888.

Bilanz vom 31. December 1887.

Activa. / *Passiva.*

	Anlage	Amortisation M. I. u. B.	Amortisation v. 1880–87	Buchwerth		
1) Fabrik-Anlagen:						
a) Grundstücke	437,703.28		735.06	436,965.22		
b) Fabrik-Gebäude	3,514,026.70	755,921.42	751,477.55	1,806,627.73		
c) Apparate, Maschinen u. Transport-Material	8,543,439.08	2,097,122.60	4,467,781.26	1,778,529.52		
d) Wasserwerk, Gaswerk u. Maschinen der mech. Werkstätte	836,094.17	108,411.91	310,447.15	417,145.76		
e) Bahn-Anlagen	368,135.16		67,567.08	301,568.08		
f) Beamten- und Arbeiterwohnhäuser	1,611,790.77	60,592.04	164,164.70	786,742.08	5,827,277.83	
2) Waaren, Betrieb, Fabrikation und auswärtige Lager					7,154,097.74	
3) Cassa, Wechsel und Effekten					523,126.92	
4) Debitoren					1,657,051.91	
					17,241,555.70	

1) Actien-Capital:		
I. und II. Emission, 10,000 Actien à ℳ 1000 — ℳ 10,000,000 —		
III. Emission, 5000 Actien à ℳ 1000 — mit 40 pCt. Einzahlung — 2,000,000 —	12,000,000	
2) Kaiser Wilhelm und Augusta-Stiftung für Arbeiter-Invaliden und Waisen (Gesammtvermögen der Stiftung per 31. December 1887 ℳ 249,226.59, gesichert durch hypothekarische Einschreibung)	190,503.40	
3) Beamten-Pensions-Fonds	190,406.52	
4) Special-Reserve-Fonds: aus den Ertrügnissen 1880/84 zurückgestellte Reserve	674,728.94	
5) Reserve-Fonds: zurückgestellte ordentliche Reserve	169,000	
6) Creditoren	1,780,122.84	
7) Gewinn	2,240,262.—	
	17,241,555.70	

Vertheilung des Gewinns pro 1887.

Dem Reservefonds		ℳ 280,000.—
5% des begebenen Actien-Capitals von Mark 12,000,000 — den Actionären		600,000.—
von dem alsdann verbleibenden Ueberschuss, abzüglich des aus dem Vorjahre übertragenen Saldos, also von Mark 1,344,802.92 gemäss § 28, IV der Statuten 20% dem Aufsichtsrath, dem Vorstand und den contractlich am Gesammt-Reingewinn betheiligten Beamten der Gesellschaft		268,961.58
eine Superdividende von 9% auf das begebene Actien-Capital		1,080,000.—
dem Beamten-Pensionsfonds		20,000.—
dem Arbeiter-Unterstützungsfonds		12,000.—
und den Saldo von Mark 65,300.40 vortragsweise auf neue Rechnung		65,300.46
		ℳ 2,246,262.—

Gewinn- und Verlust-Conto 1887.

Soll. / *Haben.*

An Amortisations-Conto:			
auf Beamten- und Arbeiter-Wohnhäuser, sowie Bahnanlagen ℳ 1,204,416.41	ℳ 84,321.25		
auf Fabrikgebäude 2,104,968.98	185,576.55		
auf Wasserwerk, Gaswerk und Maschinen der mechanischen Werkstätte 474,917.52	56,901.82		
auf Apparate etc. 2,433,256.07	576,830.09	903,186.71	
„ Conto für zweifelhafte Aussätnde		17,175.08	
„ Arbeiter-Menage-Conto, Zuschuss		80,702.16	
„ Beamten- und Arbeiter-Unfall-Versicherungs-Policen		21,760.45	
„ Bilanz-Conto		2,246,262.—	
		3,279,126.40	

Per Vortrag von 1886	101,453.98	
„ Diverse	3,177,672.42	
	3,279,126.40	

Von oben erwähnten 15,000 Actien, welche sich zum weitaus grössten Theile noch im Familienbesitze der ursprünglichen Begründer des Unternehmens befinden, sollen 1000 volleingezahlte Stücke zum Course von 170% mit 5% Stückzinsen vom 1. Januar 1888 an bis zum 14. Mai, dem festgesetzten Bezugstage derselben, abgegeben werden. Die Unterzeichneten sind beauftragt, Anmeldungen hierauf am 8. Mai entgegenzunehmen; Schluss der Annahme, sowie die Berücksichtigung bei der Zutheilung der Stücke, bleibt ihrem Ermessen überlassen.

Die Notirung der volleingezahlten Actien an der hiesigen Börse ist seitens der Handelskammer genehmigt worden und wird in den nächsten Tagen erfolgen.

Frankfurt a. M., 3. Mai 1888.

Georg Hauck & Sohn.

J. J. Weiller Söhne.

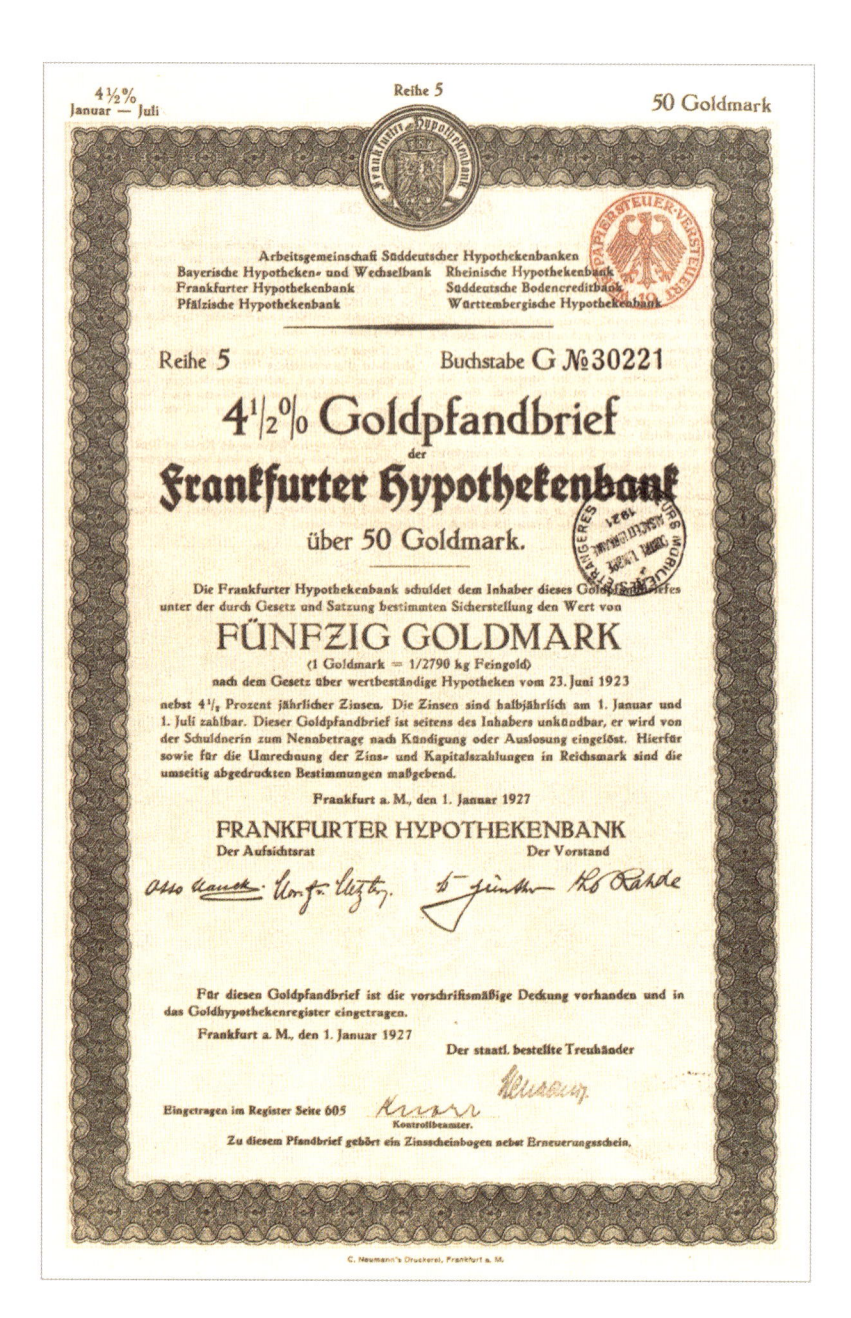

1862 wurde in Frankfurt die erste reine Hypothekenbank Deutschlands als Aktiengesellschaft gegründet. Von 1905 bis zur Fusion mit der Deutschen Centralbodenkredit-AG – der heutigen Eurohypo – im Jahr 1995 war Georg Hauck & Sohn ohne Unterbrechung mit einem Partner im Aufsichtsrat vertreten. Pfandbrief der Frankfurter Hypothekenbank aus dem Jahr 1927 mit der Unterschrift Otto Haucks.

AUFBAU DES FIRMENKUNDENGESCHÄFTS

Hypothekenbank Deutschlands als Aktiengesellschaft gegründet. Von 1905 bis zur Fusion mit der Deutschen Centralbodenkredit-AG (heute Eurohypo) 1995 war Georg Hauck & Sohn ohne Unterbrechung mit einem Partner im Aufsichtsrat vertreten. Dass dieser Zeitraum die nationalsozialistische Ära einschloss, muss besonders hervorgehoben werden, da es die Ausnahme bildete.

Doch zurück ins 19. Jahrhundert. Das Bankhaus Georg Hauck & Sohn war neuen Wegen gegenüber aufgeschlossen und erkannte im Geschäft mit Aktien seine Zukunft. Die Konkurrenz war auf diesem Feld übrigens nicht allzu groß, denn die Großbanken waren mit der Erweiterung ihres Filialnetzes beschäftigt und konzentrierten sich dabei vor allem auf das Depositengeschäft.

Es ist davon auszugehen, dass Georg Hauck & Sohn neben dem Emissions- auch das klassische Kreditgeschäft betrieb. Denn bereits 1884 wurde Alexander Hauck in den Aufsichtsrat der Farbwerke, vormals Meister, Lucius & Brüning, gewählt – das Unternehmen, das unter dem Namen Hoechst AG bekannt werden sollte. Nachdem das Geschäft neben den Farbstoffen um Arzneimittel und weitere Produkte erweitert worden war, wurde das Unternehmen 1880 in eine Aktiengesellschaft umgewandelt. Die Börseneinführung folgte 1888, denn die Expansion zu einem Weltunternehmen erforderte zusätzliches Kapital. Nur zwei Banken unterzeichneten damals den Börsenprospekt: Georg Hauck & Sohn sowie die ebenfalls in Frankfurt ansässige Bank J. J. Weiller Söhne. Das Aktienkapital, das noch nicht vollständig eingezahlt war, betrug Ende 1887 rund 15 Millionen Mark, aufgeteilt in 15.000 Aktien. Von den voll eingezahlten 12.000 Aktien kamen zunächst nur 1.000 Stück in den freien Umlauf, der Rest blieb im Besitz hauptsächlich der Gründerfamilien. Da das eingenommene Geld für die Weiterentwicklung des Unternehmens nicht ausreichte, wurden 1904 und 1914 Kapitalerhöhungen durchgeführt. Auch diese wurden von Georg Hauck & Sohn sowie J. J. Weiller Söhne vollzogen.

KAPITEL 3

Es ist anzunehmen, dass ein Partner von Georg Hauck & Sohn während dieser Zeit durchgehend im Aufsichtsrat der Hoechst AG vertreten war: Alexander Hauck von 1884 bis etwa 1907, die letzten beiden Jahre sogar als stellvertretender Vorsitzender, sowie sein Sohn Otto ab 1912. Die Haucks konnten sich also aus erster Hand Informationen über das Unternehmen aneignen und damit ihr geschäftliches Engagement absichern – ein nicht nur zur damaligen Zeit üblicher Vorgang, der zum irreführenden Schlagwort „Macht der Banken" (nach Rudolf Hilferding) führte.

Auch nachdem sich die Hoechst AG mit anderen Chemieunternehmen wie BASF, die als aufnehmende Gesellschaft fungierte, Bayer und Agfa zur I.G. Farbenindustrie AG zusammengeschlossen hatte, blieb die enge Verbindung bestehen. Da Georg Hauck & Sohn – wie im Übrigen auch H. Aufhäuser – im Gründungskonsortium der I.G. Farben vertreten und an den Kapitalerhöhungen beteiligt war, ging dies mit einem sehr lukrativen Geschäft einher. Otto Hauck saß im nun auf 55 Mitglieder angewachsenen Aufsichtsrat, bis gemäß einer Notverordnung der Reichsregierung vom September 1931 die Zahl auf 28 reduziert werden musste. Im Mai 1932 schied Otto Hauck nach 20 Jahren aus dem Gremium aus. Damit blieb dem Bankhaus das dunkle Kapitel der I.G. Farben während der Naziherrschaft erspart. Nach 1945 wurden die Kontakte zur selbständigen Hoechst AG wieder aufgenommen; der Enkel von Otto Hauck, Michael, engagierte sich rund 20 Jahre im Gläubigerausschuss bei der sich über Jahrzehnte hinziehenden Liquidation der I.G. Farben.

Eine weitere langjährige Geschäftsbeziehung unterhielt Georg Hauck & Sohn mit der im Oktober 1891 in Baden/Schweiz gegründeten Kommanditgesellschaft Brown, Boveri & Cie., kurz BBC. Im Gesellschaftsvertrag von 1898 wird Georg Hauck & Sohn als einer von zwölf Kommanditisten gelistet, mit einer Kapitaleinlage von 100.000 Schweizer Franken. Drei weitere Kommanditisten kamen aus Frankfurt: Julius Scharff, die Bank P. H. Mumm sowie die Metallgesellschaft, auf die wir noch zurückkommen werden.

AUFBAU DES FIRMENKUNDENGESCHÄFTS

Charles Brown und Walter Boveri, damals noch als Angestellte der Schweizer Firma Oerlikon, errichteten 1891 eine Leitung zur Fernübertragung von elektrischem Strom zur Internationalen Elektrotechnischen Ausstellung nach Frankfurt am Main. Georg Hauck & Sohn war über einen langen Zeitraum eine der Hauptbankverbindungen der Mannheimer Konzerntochter von Brown, Boveri & Cie. Internationale Elektrotechnische Ausstellung, Frankfurt 1891.

Von Beginn an war die Geschichte der BBC eng mit der Stadt am Main verbunden. Anlässlich der Internationalen Elektrotechnischen Ausstellung 1891 in Frankfurt hatten die Gründer Charles E. L. Brown und Walter Boveri, damals noch in Diensten der Schweizer Maschinenfabrik Oerlikon (MFO), eine Leitung zur Fernübertragung von hochgespanntem elektrischen Strom von Lauffen am Neckar über den Odenwald bis zum Ausstellungsgelände errichtet. Ideengeber war der „Vater des Deutschen Museums" Oskar von Miller. Realisiert wurde das Projekt seitens der AEG vom bekannten Elektrotechniker Michail von Dolivo-Dobrowolsky und seitens der MFO vom Chefelektriker Charles E. L. Brown. Auch wenn es die erste elektrisch angetriebene Straßenbahn von Siemens & Halske zu bewundern gab, war die Starkstromleitung doch die Hauptattraktion der Ausstellung.

Wilhelm Merton, Gründer und gegen Ende des 19. Jahrhunderts entscheidender Impulsgeber der Metallgesellschaft, war einer der wohlhabendsten Frankfurter Industriellen. Geachtet wurde er für seine unternehmerischen Leistungen und, mindestens ebenso, für sein soziales Engagement. Seine Maxime war, nicht nur Geld zu verdienen, sondern es auch wieder „richtig auszugeben". Georg Hauck & Sohn unterhielt vielfältige Geschäftsbeziehungen zur Metallgesellschaft; das Bankhaus war auch an der von Merton initiierten „Centrale für private Fürsorge" beteiligt (heute „Bürgergesellschaft"). Wilhelm Merton um 1900.

Nach dem Bau des ersten für Wechselstrom konzipierten thermischen Großkraftwerks in Europa 1893 in Frankfurt zog sich BBC aus der Stadt zurück und gründete im Zuge einer großen Auslandsexpansion um 1900 eine Tochtergesellschaft in Mannheim, die von Robert Boveri geleitet wurde. Georg Hauck & Sohn war über einen langen Zeitraum eine der Hauptbankverbindungen dieser Tochtergesellschaft.

Doch das Bankhaus engagierte sich nicht nur im klassischen Finanzierungsgeschäft, sondern half bei Bedarf auch, eine Konzernbank zu etablieren. Wilhelm Merton hatte 1881 mit zwei Partnern in Frankfurt die Metallgesellschaft gegründet, ein auf Rohstoffhandel und Bergbau spezialisiertes Unternehmen. Um die Kontrolle der Finanzen

AUFBAU DES FIRMENKUNDENGESCHÄFTS

und Beteiligungen des Konzerns besser steuern zu können, beschloss Merton, ein eigenes Bankhaus zu gründen; dabei unterstützte ihn Georg Hauck & Sohn.

Bereits 1897 war Otto Hauck an der Gründung der ebenfalls von Wilhelm Merton ins Leben gerufenen Metallurgischen Gesellschaft AG (später „Lurgi") beteiligt gewesen. Die Aktien der Gesellschaft waren nicht an der Börse notiert, sondern verblieben mehrheitlich in der Hand der Metallgesellschaft; lediglich rund sieben Prozent gingen an „Freunde des Hauses". Otto Hauck war mit Eduard Grunelius und Ernst Ladenburg von den gleichnamigen Banken damit einer der wenigen, die Anteilsscheine zeichnen durften, ohne Angehöriger der Metallgesellschaft zu sein.

1906 wurde die Berg- und Metallbank mit einem nominellen Grundkapital von 40 Millionen Mark und Sitz in Frankfurt gegründet; damit zählte sie zu den größeren Banken.

Neben drei großen Aktienbanken gehörten dem Gründungskonsortium diverse ortsansässige Institute an, bezeichnenderweise alles alteingesessene Privatbankiers: Grunelius & Co., E. Ladenburg, Lazard Speyer-Ellissen, Jacob S. H. Stern und Georg Hauck & Sohn. Damit waren viele Frankfurter Privatbanken von Rang und Namen vertreten, die nicht im Anleihe-, sondern im Aktiengeschäft die Zukunft sahen. Hinzu kamen noch Industrieunternehmen als Zeichner.

Die besondere Stellung von Grunelius & Co. sowie Georg Hauck & Sohn zeigt sich darin, dass sie zwar nur relativ kleine Beträge zeichneten, diese aber als Unterbeteiligung der Metallgesellschaft gezählt wurden. Erst so kam die Metallgesellschaft auf eine Mehrheit von insgesamt 50,5 Prozent an der Berg- und Metallbank.

In den Folgejahren wurde die Beziehung weiter verfestigt: Alfred Merton, der älteste Sohn des Firmengründers, wechselte vom Aufsichtsrat in den Vorstand der Berg-

KAPITEL 3

Otto Hauck pflegte ein freundschaftliches Verhältnis zum Gründer der Adler Fahrradwerke, Heinrich Kleyer, und nahm ab 1915 ein Mandat im Aufsichtsrat der Adlerwerke wahr. Das Foto zeigt eine Niederlassung der Adlerwerke um 1900, in der Fahrräder und Autos verkauft wurden; in demselben Gebäude, Kaiserstraße 24, befindet sich seit 1970 der Frankfurter Standort von Hauck & Aufhäuser Privatbankiers.

AUFBAU DES FIRMENKUNDENGESCHÄFTS

und Metallbank. Den Platz von Alfred Merton nahm Otto Hauck ein und behielt diesen bis 1928, als die Bank nach der Fusion mit der Metallurgischen Gesellschaft unter der Firmierung „Metallbank und Metallurgische Gesellschaft AG" direkt mit der Metallgesellschaft verschmolzen wurde. Von 1909 bis zu seinem Tod 1934 hatte Otto Hauck zusätzlich einen Sitz im Aufsichtsrat der Metallgesellschaft inne.

Die jüngste Vergangenheit der nach dem Krieg umfirmierten Berg- und Metallbank war wechselvoll – und leider auch weniger erfolgreich: Aus der Konzernbank entwickelte sich nach dem Kauf durch die Schmidt-Bank 1996 eine von der Metallgesellschaft unabhängige Bank, die unter der Ägide der Gold-Zack AG 1999 mit der Bank Heinrich Gontard zur Gontard & Metallbank verschmolzen wurde. Der Höhenflug der Bank endete genauso abrupt wie der des „Neuen Marktes", auf den die Gontard & Metallbank vollends gesetzt hatte. Die Gegenwart der Metallgesellschaft sieht dagegen erfreulicher aus: Sie ist Teil der im M-Dax notierten GEA Group AG.

Auch zu einem weiteren großen Industrieunternehmen in Frankfurt hielt Georg Hauck & Sohn eine enge Beziehung: den Adlerwerken. Im Jahr 1880 hatte der in Darmstadt geborene Heinrich Kleyer in der Bethmannstraße eine kleine Maschinen- und Velociped-Handlung eröffnet. Er war kein Erfinder, verstand es aber ausgezeichnet, Konstruktionen zu adaptieren und weiterzuentwickeln. Kleyer baute als Erster die aus England stammenden Hochräder in Serienproduktion, 1886 startete er in Deutschland die Produktion von modernen Niederrädern. Einer seiner ersten Kunden waren die fünf Söhne von Adam Opel – Kleyer ahnte nicht, dass Opel bald sein größter Konkurrent werden würde. Auch Carl Benz erwarb ein Dreirad von Kleyer für seinen ersten Motorwagen. „Radler, fahr Adler!" wurde zum geflügelten Wort.

1895 wurde das Unternehmen in eine Aktiengesellschaft umgewandelt und hieß fortan „Adler-Fahrradwerke vorm. Heinrich Kleyer AG", später wurden daraus die „Adlerwerke". Das war der Grundstein für die weitere rasante Entwicklung:

1898 nahm die Gesellschaft die Fabrikation von Schreibmaschinen auf – wiederum eine Pioniertat in Deutschland –, 1900 kam der Automobilbau hinzu, anschließend der Bau von Motorrädern. Bis 1914 war jedes fünfte Auto im Kaiserreich „ein Adler".

Otto Hauck pflegte ein freundschaftliches Verhältnis zum Gründer und nahm ab 1915 ein Mandat im Aufsichtsrat der Adlerwerke wahr. Nach dem Rückzug Kleyers als Generaldirektor 1923 und der Übernahme des Vorsitzes im Aufsichtsrat schied Otto Hauck kurze Zeit später aus dem Gremium aus. Unter dem Namen TA Triumph-Adler GmbH existiert das Unternehmen nach einer bewegten Geschichte noch heute – die schönen Autos werden jedoch schon seit Jahrzehnten nicht mehr hergestellt.

Die Liste der Aufsichtsratsmandate von Otto Hauck liest sich beeindruckend und zeigt seine Verbundenheit mit der lokalen und regionalen Industrie, aber auch deutschlandweit mit dem Handel, dem Bank- und Versicherungswesen. Kontrollierend tätig war er bei der Allianz & Stuttgarter Verein Versicherungs-AG, Deutsche Bank AG, Deutsche Phönix AG, Frankfurter Lebensversicherungsgesellschaft AG, Frankfurter Rückversicherungs-Gesellschaft AG, Lebrecht AG und Providentia Versicherungs-AG.

Auch durch seine Tätigkeiten als Präsident der Frankfurter IHK und als Vorstand der Frankfurter Börse hielt Hauck engen Kontakt zu Persönlichkeiten des Frankfurter Wirtschaftslebens. Was zählte, waren die Erfahrung und die Reputation des Privatbankiers. Zu den Gästen in der Villa Hauck gehörten unter anderem die gesamte Führungsriege der Hoechst AG, ebenso Leo Gans und Arthur von Weinberg von der Leopold Cassella & Co., ferner Alfred und Richard Merton sowie der Reichsbankpräsident Hjalmar Schacht.

AUFBAU DES FIRMENKUNDENGESCHÄFTS

H. AUFHÄUSER

Das Bankhaus Aufhäuser & Scharlach spezialisierte sich zunächst auf den An- und Verkauf von Wertpapieren. 1892 zahlte Heinrich Aufhäuser seinen Partner Samuel Scharlach aus. Mit dem seit 1894 unter dem Namen „Bankhaus H. Aufhäuser" firmierenden Unternehmen ging es fortan stetig bergauf, nicht zuletzt dank der Ausrichtung auf das Firmenkundengeschäft.

Etwa ab demselben Zeitpunkt wie Georg Hauck & Sohn in Frankfurt begann auch das Bankhaus H. Aufhäuser in München, seine Geschäftsstrategie auf ein zweites Standbein zu stellen. War das Kreditgeschäft zu Beginn kaum ausgeprägt und nur in Form der Pfandbeleihung getätigt worden, so entwickelte sich das Firmenkreditgeschäft bis zum Ausbruch des Ersten Weltkriegs zur tragenden Säule. Die rapide geschäftliche Expansion machte sich auch in der Bilanzsumme bemerkbar: 1897 betrug sie gerade eine halbe Million Mark, im letzten Friedensjahr, 1913, war sie auf 10 Millionen Mark gewachsen – eine Steigerung von 2.000 Prozent, und das bei einer weitestgehend stabilen Währung.

Wo Licht ist, ist jedoch auch (ein wenig) Schatten: Während der Jahre des strategischen Umbaus bekam Heinrich Aufhäuser Probleme bei der Aktiv-Passiv-Steuerung. Das rapide Anwachsen der Debitoren auf der Aktivseite der Bilanz musste auf der Passivseite durch eine Ausweitung des Eigen- und Fremdkapitals ausgeglichen werden. Zumal das Ausscheiden Samuel Scharlachs als Teilhaber ab 1892 eine Halbierung des Eigenkapitals zur Folge hatte. Zwar stiegen die Kundeneinlagen beachtlich; dies reichte jedoch bei Weitem nicht aus, um die Bank mit ausreichend Kapital auszustatten. Zur Überbrückung erhielt Heinrich Aufhäuser Kredite in Millionenhöhe von anderen Banken; darunter waren diverse bayerische Institute sowie die Deutsche Bank – auch dies ein Vertrauensbeweis für das kleine Haus.

KAPITEL 3

Oekonomie=Herd No. 8 bis 14
(Original=Wamslerherd)

„Solide Bauart und große Leistungsfähigkeit bei geringstem Brennstoffverbrauch" – mit diesen geradezu unschlagbaren Produkteigenschaften pries die alteingesessene und noch heute in München tätige Herd- und Ofenfabrik Friedrich Wamsler den „Oekonomie-Herd No. 8 bis 14" an. Das Bankhaus H. Aufhäuser war an der Umwandlung des Unternehmens in eine Aktiengesellschaft beteiligt. Original Wamslerherd um 1925.

Während der Kaiserzeit beschränkte sich H. Aufhäuser ganz im Sinne des in Deutschland vorherrschenden Hausbankprinzips im Wesentlichen darauf, die heimische Holz- und Bierindustrie mit Krediten zu versorgen. In der Zeit der Weimarer Republik (1919 bis 1933) stellte das Haus den Unternehmen dann als Intermediär vermehrt Finanzmittel durch Inanspruchnahme der nationalen und internationalen Kapitalmärkte zur Verfügung.

Dies korrespondierte mit der allgemeinen wirtschaftlichen Entwicklung: Wurden 1914 im renommierten „Handbuch der Deutschen Aktien-Gesellschaften" lediglich

AUFBAU DES FIRMENKUNDENGESCHÄFTS

127 Firmengründungen verzeichnet, waren es 1923/24 schon rund 8.000. Neben den Neugründungen mussten auch bereits bestehende Unternehmen ihr Eigenkapital nach dem Krieg erhöhen. Dieser Trend verstärkte sich mit der Stabilisierung der deutschen Währung 1923/24, nachdem die Hyperinflation – auf dem Höhepunkt im November 1923 kostete in München eine Fahrkarte im niedrigsten Tarif 200 Milliarden Mark – das Eigenkapital vieler Unternehmen aufgezehrt hatte. Ein probates Mittel, um das Eigenkapital zu stärken, war die Gründung einer AG. Vor diesem Hintergrund ist beispielsweise die Umwandlung der alteingesessenen und noch heute in München tätigen Herd- und Ofenfabrik Friedrich Wamsler in eine Aktiengesellschaft zu sehen, an der das Bankhaus H. Aufhäuser beteiligt war.

Ein ähnlich gelagerter Fall war die Münchener Firma Meisenbach, Riffarth & Co. Um das Jahr 1880 hatte Georg Meisenbach mit der Erfindung der Autotypie die damalige Drucktechnik revolutioniert. Das Rasterdruckverfahren ermöglichte es, Fotografien unmittelbar zusammen mit Lettern zu drucken. Nach der Fusion der Autotypie Company von Georg Meisenbach mit der in Berlin beheimateten Heinrich Riffarth & Co. firmierte das Unternehmen von 1893 an unter dem Namen Meisenbach, Riffarth & Co. und entwickelte sich zur europaweit bedeutendsten grafischen Kunstanstalt. H. Aufhäuser war 1923 maßgeblich daran beteiligt, das Unternehmen in eine Aktiengesellschaft zu überführen.

Überhaupt scheint H. Aufhäuser eine Affinität zu Verlagen und Kunstdruckanstalten gehabt zu haben – was sicher nicht zuletzt an Martin Aufhäusers Sinn für Kunst und Kultur lag. Martin Aufhäuser, der mit dem Tod seines Vaters im Jahr 1917 das Bankgeschäft übernommen hatte, besaß eine umfangreiche Sammlung von Gemälden und bibliophilen Buchausgaben. Das Bankhaus war Mitglied in den Aufsichtsräten des Oldenbourg-Verlags und des Kurt-Wolff-Verlags. Rudolf Oldenbourg hatte sich 1858 selbständig gemacht und führte seinen Verlag an die Spitze auf dem Feld der Geisteswissenschaften; der Kurt-Wolff-Verlag war 1919 von Leipzig nach München übergesiedelt und konzentrierte sich auf expressionistische Literatur.

Martin Aufhäuser war ein Kunstliebhaber. Er besaß eine umfangreiche Gemäldesammlung und eine große Bibliothek. Das Bankhaus war Mitglied in den Aufsichtsräten des Oldenbourg-Verlags und des auf expressionistische Literatur spezialisierten Kurt-Wolff-Verlags.

Auch den neuen Medien gegenüber war H. Aufhäuser aufgeschlossen. Zu Beginn des 20. Jahrhunderts entwickelte sich München neben Berlin zur deutschen Filmmetropole. Zu den großen Filmstudios zählten damals die Stuart-Webbs-Ateliers der Orbis-Film AG im noblen Münchener Vorort Grünwald. Die Orbis-Film AG war 1921 gegründet worden; ein Konsortium unter der Leitung von H. Aufhäuser übernahm die Stammaktien und platzierte das Paket 1923 an der Münchener Börse.

AUFBAU DES FIRMENKUNDENGESCHÄFTS

All diese Geschäftsbeziehungen waren langfristiger Natur; dies zeigt sich auch darin, dass das Münchener Bankhaus in den Aufsichtsräten der oben genannten Gesellschaften vertreten war. Insgesamt hatte Martin Aufhäuser rund 40 Aufsichtsratsmandate inne. Darunter waren etliche Holz-, Bau-, Brau- und Versicherungsunternehmen; die Mehrzahl hatte ihren Sitz in München, die geografische Ausrichtung reichte aber von Emden über Köln, Mannheim und Berlin bis nach Bratislava. Der kleine Ausflug ins Ausland kann sicherlich seinem Schwiegervater zugeschrieben werden: Martin Aufhäusers Ehefrau Auguste war die Tochter des Holzgroßhändlers Louis Ortlieb, der beste Geschäftsbeziehungen bis auf den Balkan unterhielt. Daneben nahm Martin Aufhäuser ein Mandat im Aufsichtsrat der Bayerischen Hypotheken- und Wechselbank und der Commerzbank in München wahr. Die Bank unterhielt auch Geschäftsbeziehungen zur Pharmaindustrie: H. Aufhäuser hatte in den 1920er-Jahren Kredite an die Luitpold-Werke vergeben, deren bekannteste Produkte, Mobilat und Hirudoid, auch heute noch ein Begriff sind.

Für die Reputation des Bankhauses sicherlich am wichtigsten aber war Martin Aufhäusers Sitz im Aufsichtsrat der Deutschen Golddiskontbank. Diese war im Zuge der Einführung der neuen Übergangswährung nach der Inflation – der Rentenmark – 1924 gegründet worden und sollte dabei helfen, die Währung zu stabilisieren und den Außenhandel zu finanzieren. Martin Aufhäuser wurde in den ersten Aufsichtsrat gewählt und hatte seinen Sitz über die kommenden Jahre inne. Die „Welt am Sonntag" schrieb 1927: „Als Martin Aufhäuser in den Aufsichtsrat der Deutschen Golddiskontbank berufen wurde, mag manchem erst erkennbar geworden sein, in welchem Maße das Haus Aufhäuser über den Rahmen lokaler und provinzieller Bedeutung hinausgewachsen war."

Rat und Tat des Münchener Bankhauses H. Aufhäuser waren sogar in Berlin geschätzt: Wenn das Deutsche Reich eine Anleihe begab, bediente es sich zur Platzierung stets

KAPITEL 3

eines festen und sehr exklusiven Kreises. Diesem Reichsanleihekonsortium gehörte H. Aufhäuser nach dem Krieg permanent an und war sogar noch bis 1938 darin vertreten. Dass H. Aufhäuser diese reichsweit tragende Rolle zukam, lag am Renommee sowie an den exzellenten Auslandsverbindungen der Bank. Unternehmen und Kommunen waren nach der Zerrüttung der deutschen Währung auf ausländisches Kapital angewiesen. H. Aufhäuser und andere Privatbankiers konnten – noch mehr als die großen Aktienbanken – über ihre traditionell guten Beziehungen ins Ausland das dringend benötigte Kapital beschaffen.

H. Aufhäuser – und vermutlich auch Georg Hauck & Sohn – erlebte in der Zeit der Weimarer Republik äußerst erfolgreiche Jahre. Die Bilanzsumme durchbrach 1928 die 100-Millionen-Mark-Grenze; 1913 waren es, wie eingangs erwähnt, 10 Millionen Mark gewesen. Mit anderen Worten: Auch bei einer insgesamt mäßigen gesamtwirtschaftlichen Entwicklung ließ sich eine Privatbank bei entsprechender geschäftlicher Ausrichtung profitabel betreiben.

Der Umschwung kam zunächst aus Übersee: Die Weltwirtschaft war schon am Kriseln, als ihr der Börsencrash an der New Yorker Wall Street im Oktober 1929 den Todesstoß versetzte. Georg Hauck & Sohn sowie H. Aufhäuser hatten die Bankenkrise vom Sommer 1931 relativ glimpflich überstanden – im Gegensatz zu vielen anderen Häusern, die entweder liquidiert oder vom Staat gestützt werden mussten.

Die größte Bedrohung aber für den Fortbestand der beiden Häuser hatte keinen ökonomischen, sondern einen politischen Hintergrund: Im Januar 1933 war Adolf Hitler zum Reichskanzler ernannt worden. Alle liberal eingestellten Personen, wie Otto Hauck und sein Sohn Alexander, waren fortan massiven Repressalien ausgesetzt – alle Bürger jüdischen Glaubens, wie die Aufhäusers, mussten um ihr Leben fürchten.

AUFBAU DES FIRMENKUNDENGESCHÄFTS

Zu Beginn des 20. Jahrhunderts hatte Martin Aufhäuser rund 40 Aufsichtsratsmandate inne, das Bankhaus unterhielt beste Geschäftsbeziehungen in die Industrie; so auch zu den Luitpold-Werken. Luitpold-Werke München, Zeichnung von 1930.

KAPITEL 3

Die Bohnenrunde

EIN EXKLUSIVER ZIRKEL VON INDUSTRIELLEN UND BANKIERS

Am 6. Januar 1898 hatte der Bankier und Stadtrat Albert Metzler – der Schwiegervater des ebenfalls anwesenden Otto Hauck und damals noch ohne „von" – Herren der Frankfurter Gesellschaft zur Jagd nach Wehrheim-Rodheim eingeladen. Walther vom Rath, Aufsichtsrat der Hoechst AG, machte bei dieser Gelegenheit auf einen aus Frankreich stammenden Brauch aufmerksam: Bei einem festlichen Diner versteckt der Gastgeber in einem Kuchen eine Bohne. Wer sie in seinem Nachtisch serviert bekommt, ist der „Bohnenkönig".

Abends fand bei Lutz Jay von Seldeneck ein Herrendiner statt. Dieser hatte die Idee aufgegriffen und ließ eine goldene Bohne in einen der Kuchen einbacken. Erster „Bohnenkönig" wurde der Unternehmer Carl Schmidt-Polex, damals der zweite Vorsitzende des Aufsichtsrats der Adlerwerke. Gleichbedeutend mit der Königswürde war allerdings die Verpflichtung, das kommende Treffen auszurichten. Und das konnte kostspielig werden, schaut man sich beispielsweise die Menükarte des Gastgebers vom Rath aus dem Jahr 1914 an: russischer Kaviar, „Wiener Suppe", Rheinsalm mit englischen Austern, serbischer Schweineschinken, griechische Enten, bulgarischer Spargel, „Türkische Bombe" und italienische Früchte. Dass in Anbetracht der finanziellen Folgen ein für seine Sparsamkeit bekannter Teilnehmer die goldene Bohne lieber heruntergeschluckt habe, anstatt König zu werden, ist eine hübsche, jedoch nicht bestätigte Anekdote.

Seit nunmehr über 110 Jahren trifft sich dieser illustre Kreis von meistens 12 Personen früher am Dreikönigstag, mittlerweile Ende Januar. Angehörige der Hauck-Familie sind bis heute bei jeder „Bohnenrunde" dabei, gelegentlich waren sie dies sogar in doppelter Besetzung – so Otto und Hans Heinrich Hauck Anfang des 20. Jahrhunderts.

DIE BOHNENRUNDE

Ob die Runde einem höheren Zweck dient und was die Herren besprechen – darüber dringt nichts nach außen. Die reich verzierten Menükarten legen nahe, dass Politik zumindest früher ein Thema war und die Zeichen der Zeit gut antizipiert wurden. Zu Beginn des Jahres 1918, als viele Deutsche noch an einen erfolgreichen Ausgang des Krieges glaubten, stellte man in der „Bohnenrunde" die Heiligen Drei Könige schon auf einem sinkenden Schiff dar. Und 1931 zeigte die Menükarte einen schreienden SA-Mann sowie die Übersiedlung der Könige in die Schweiz.

Herren der Frankfurter Oberschicht treffen sich einmal im Jahr zu einem opulenten Diner. In einem der Desserts ist eine Bohne aus Gold versteckt – wer sie findet, ist Gastgeber der nächsten Veranstaltung. Die Bohnenrunde, Otto Hauck (sechster von rechts). Radierung von Georg Jahn, 1907.

KAPITEL 3

S. Bleichröder und H. Aufhäuser

EINE STRATEGISCHE ALLIANZ

Noch vor Kriegsende schlossen sich am 18. März 1918 die Bankhäuser S. Bleichröder und H. Aufhäuser vertraglich zusammen. Mit Wirkung vom 1. April beteiligte sich S. Bleichröder kommanditistisch an H. Aufhäuser, das fortan den Zusatz „Kommandite von S. Bleichröder in Berlin" im Namen trug. S. Bleichröder hatte sich im Kaiserreich durch seinen Inhaber Gerson von Bleichröder und dessen engen Kontakt zu Reichskanzler Otto von Bismarck zur bedeutendsten deutschen Privatbank entwickelt. Der durch die Zahl seiner Söhne mögliche und von Gerson von Bleichröder offenbar auch angestrebte Aufbau einer Bankdynastie war jedoch frühzeitig gescheitert.

1893 starb Gerson von Bleichröder. Das Desinteresse seiner Nachkommen am Bankgeschäft bedeutete nicht das Ende des Bankhauses, leitete aber den allmählichen Niedergang des Familienunternehmens ein. Doch der Abstieg betraf zunächst die Familie und nicht das Bankhaus selbst. Mit der Familie von Schwabach wurde adäquater Ersatz gefunden. Sie war noch zu Zeiten Gerson von Bleichröders als Partner in die Bank aufgenommen worden und konnte durch ihr eigenes weitläufiges Netzwerk manches kompensieren, was durch den Tod des Gründers und den Abgang Bismarcks an Kontakten verloren gegangen war. Paul von Schwabach übernahm 1898 nach dem Tod seines Vaters und Seniorchefs Julius von Schwabach für die kommenden drei Jahrzehnte die Leitung der Bank.

S. Bleichröder hatte den ganz großen Glanz verloren; gleichwohl zählte das Bankhaus auch Anfang des 20. Jahrhunderts noch zu den renommierten Bankadressen und genoss diverse Privilegien. S. Bleichröder war gemäß einer Liste vom November 1930 in annähernd 100 Aufsichtsräten vertreten. Doch es war eben nicht mehr die Familie

1918 schlossen sich die Bankhäuser S. Bleichröder und H. Aufhäuser zu einer strategischen Allianz zusammen. Zwar war keines von beiden zwingend auf fremdes Kapital angewiesen, doch ein finanzstarker Partner war in diesen unsicheren Zeiten eine wichtige Stütze und der Beweis für wirtschaftliche Solidität. Kommanditvertrag zwischen den Bankhäusern S. Bleichröder und H. Aufhäuser von 1918.

Bleichröder, die in der Bank das Sagen hatte, sondern die Familie von Schwabach. Paul von Schwabach fiel damit die Aufgabe zu, das Haus neu auszurichten. Der Krieg ließ die Suche nach neuen Geschäftsfeldern noch dringlicher werden.

Paul von Schwabach erklärte sich im Jahr 1921 folgendermaßen: „Es wurde mir bald vollkommen deutlich, daß es so nicht weiterging. Emissionen und, was damit zusammenhing, waren damit zur Unmöglichkeit geworden. Wollten wir unseres Namens in der Finanzwelt nicht verlustig gehen, so mußten andere Wege eingeschlagen werden. Es galt, eine Art von Umstellung auf das laufende Geschäft, und es galt, dieserhalb auch im Inneren manches zu organisieren und zu reorganisieren."

Da das grenzüberschreitende Geschäft infolge des Kriegs vollkommen zum Erliegen gekommen war, musste sich das ehemals international ausgerichtete Bankhaus nun auf den Heimatmarkt konzentrieren. Deshalb begab man sich auf die Suche nach einem Partner, der in einer aufstrebenden Region exzellent etabliert war und dem Berliner Bankhaus Kunden zuführen würde. Das Bankhaus H. Aufhäuser konnte beides vorweisen. Aber auch Martin Aufhäuser hatte gute Gründe, sich einen Geschäftspartner zu suchen. Sein Vater war 1917 gestorben, und er leitete die Bank zunächst allein. Zudem zog der Tod Heinrich Aufhäusers eine Kapitalauseinandersetzung nach sich. Zwar war Martin Aufhäuser nicht zwingend auf fremdes Kapital angewiesen, ein finanzstarker Partner jedoch war in diesen unsicheren Zeiten eine wichtige Stütze und der Beweis für Solidität.

S. Bleichröder zahlte eine Vermögenseinlage von einer Million Mark ein; damit betrug das Eigenkapital des Hauses insgesamt 2,5 Millionen Mark – so viel wie noch nie. Die Leitung der Bank lag weiterhin bei Martin Aufhäuser, der mit einer Kommanditeinlage von 1,5 Millionen Mark an der Gesellschaft beteiligt war. Nach der Währungsstabilisierung wurden die Rollen noch klarer verteilt: Der Kapitalanteil von S. Bleichröder sank auf 0,75 Millionen Mark, Martin Aufhäusers Anteil betrug fortan 2,025 Millionen Mark.

Was die Geschäfte anbelangte, so beabsichtigte man, den Wertpapierkommissionshandel des Münchener Bankhauses über S. Bleichröder laufen zu lassen. Dies zielte auf den vermögenden Kundenstamm von H. Aufhäuser, an dem S. Bleichröder mit Provisionserträgen partizipieren wollte. Eigenhandel jedoch wurde vertraglich untersagt:

„Reine Spekulationsgeschäfte für eigene Rechnung der Kommanditgesellschaft, also solche Geschäfte, die ausschließlich dem Spiel an der Börse dienen, sollen grundsätzlich ausgeschlossen sein."

Im Gegenzug verpflichtete sich S. Bleichröder, H. Aufhäuser Konsortialbeteiligungen einzuräumen und die Partnerbank wo möglich als Zeichnungs- und Zahlstelle bei Emissionen ins Geschäft zu bringen. Zudem erklärte sich S. Bleichröder bei Hinterlegung entsprechender Wertpapiere bereit, H. Aufhäuser eine Kreditlinie in Höhe von bis zu fünf Millionen Mark zu gewähren; ein Vorteil, der in der Weltwirtschaftskrise von großer Bedeutung sein sollte.

Der Vertrag wurde zunächst bis Ende 1922 befristet; danach sollte er sich automatisch um jeweils fünf Jahre verlängern, sofern nicht eine der beiden Parteien den Kontrakt aufkündigte. S. Bleichröder bedingte sich jedoch ein Sonderkündigungsrecht aus, sollten „in zwei aufeinander folgenden Geschäftsjahren die fünf Prozent Zinsen auf das Gesellschaftskapital nicht verdient werden, oder wenn sich das Gesellschaftskapital in einem Jahre durch Verluste um wenigstens zwanzig Prozent vermindert hat."

Doch offenbar waren beide Parteien mit der Partnerschaft so zufrieden, dass sie die Verbindung schon vor Vertragsende weiter festigten. „Um die engen geschäftlichen Beziehungen zwischen den Firmen S. Bleichröder und H. Aufhäuser sowie das freundschaftliche Verhältnis zwischen ihren Inhabern nach Außen in Erscheinung treten zu lassen, ist beschlossen worden, daß Herr Martin Aufhäuser als Mitinhaber in die Firma S. Bleichröder aufgenommen werde." Gleichzeitig trat Ernst Kritzler, Teilhaber des Berliner Bankhauses, in gleicher Tätigkeit bei H. Aufhäuser ein. Eine Konzernstruktur war dadurch jedoch nicht entstanden – und auch nicht beabsichtigt. Beide Seiten verbanden sich allerdings sehr bewusst in einer strategischen Allianz: Dies war ihre Antwort auf den Konsolidierungsprozess im Bankgewerbe und den sich weiter verschärfenden Wettbewerb.

KAPITEL 3

Pfundanleihe für München

H. AUFHÄUSERS EXZELLENTE AUSLANDSBEZIEHUNGEN

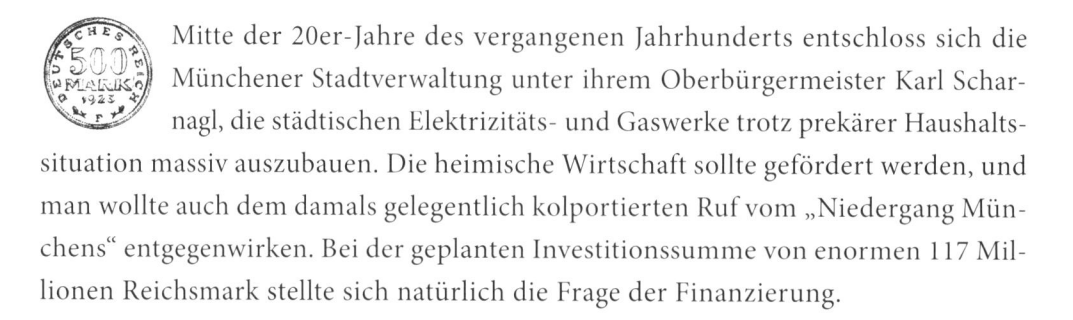

Mitte der 20er-Jahre des vergangenen Jahrhunderts entschloss sich die Münchener Stadtverwaltung unter ihrem Oberbürgermeister Karl Scharnagl, die städtischen Elektrizitäts- und Gaswerke trotz prekärer Haushaltssituation massiv auszubauen. Die heimische Wirtschaft sollte gefördert werden, und man wollte auch dem damals gelegentlich kolportierten Ruf vom „Niedergang Münchens" entgegenwirken. Bei der geplanten Investitionssumme von enormen 117 Millionen Reichsmark stellte sich natürlich die Frage der Finanzierung.

Nach der Hyperinflation von 1923 war der deutsche Kapitalmarkt auf Jahre hinaus zerrüttet, und die Banken selbst verfügten nur über eine dünne Kapitaldecke. Dass die Stadt oder die Kraftwerke die Summe nicht alleine stemmen konnten, stand außer Frage. Die Stadt München ging daher den Weg, den viele Kommunen und Unternehmen in der Zwischenkriegszeit einschlugen: Sie besorgten sich das Kapital im Ausland, bevorzugt in den USA.

1925 hatte München schon einmal eine Anleihe in den USA emittiert, 1928 sollte eine weitere folgen. Was jedoch wenige Jahre zuvor problemlos gelang, erwies sich nun als ein höchst kompliziertes, ja nahezu aussichtsloses Unterfangen. Die Münchener Bemühungen um eine US-Anleihe zeigen exemplarisch, dass der Kapitalstrom aus den USA nach Deutschland schon ein Jahr vor der im Oktober 1929 einsetzenden Weltwirtschaftskrise versiegt war. Lediglich München vermochte Ende 1928 eine städtische Auslandsanleihe aufzunehmen – und dies gelang nur dank der Unterstützung des Bankhauses H. Aufhäuser.

Siegfried Aufhäuser, Sohn des Bankgründers, war 1901 nach London ausgewandert und 1907 britischer Staatsbürger geworden. Wegen des Ersten Weltkriegs verließ der nun von der Londoner Börse ausgeschlossene Bankier die Insel und kehrte über Stockholm nach München zurück, wo er 1921 Komplementär bei H. Aufhäuser wurde. Nach dem Krieg reaktivierte er seine Kontakte zu den Londoner Bankhäusern. Dadurch verfügte das Münchener Bankhaus in der Zwischenkriegszeit über erstklassige Verbindungen zu den namhaftesten britischen Banken: J. Henry Schroeder & Co., Kleinwort, Sons & Co., Baring Brothers & Co., Barclays, Lloyds, dem Bankhaus der englischen Königsfamilie Coutts & Co. und Lazard Brothers.

In den 1920er-Jahren konnte Siegfried Aufhäuser die persönlichen wie geschäftlichen Beziehungen zu Coutts so weit verfestigen, dass H. Aufhäuser in München für Mitglieder der englischen Königsfamilie tätig werden durfte, wenn sie sich in Deutschland aufhielten. Damit war das Münchener Bankhaus in gewisser Weise in die Fußstapfen der Rothschilds getreten, die im 19. Jahrhundert die finanzielle Logistik für derartige Reisen in Deutschland übernommen hatten.

Siegfried und sein Bruder Martin Aufhäuser waren in der Lage, über den engen Kontakt zu Lazard Brothers der Stadt München im November 1928 ein konkurrenzloses Angebot zu unterbreiten. Nur dieses persönliche Ansehen, das die Bankiers genossen, konnte das Misstrauen des Auslands gegenüber deutschen Wertpapieren kompensieren. Versuche der Bayerischen Hypotheken- und Wechselbank und von Harris, Forbes & Co. New York/London, auf dem internationalen Kapitalmarkt zur selben Zeit eine München-Anleihe zu vermitteln, waren hingegen gescheitert.

Wie groß das Misstrauen der britischen Investoren deutschen Städteanleihen gegenüber war, zeigte sich auch daran, dass es nicht gelang, die Anleihe komplett in London unterzubringen; ein Teil musste an der Amsterdamer Börse emittiert werden. Dabei spielte zudem eine Rolle, dass die Anleihe in Höhe von 1,625 Millionen Pfund Sterling

STAD MÜNCHEN

No. 11732 CERTIFICAAT No. 11732

AAN TOONDER

voor één 6 pCt. Obligatie groot £ 100.– nominaal,

DEEL UITMAKENDE VAN EEN 6 PCT. LEENING GROOT £ 1.625.000.–.

DE LEENING IS AFLOSBAAR A PARI UITERLIJK OP 1 DECEMBER 1953, DOOR MIDDEL VAN EEN AMORTISATIEFONDS, IN 21 GELIJKE JAARLIJKSCHE TERMIJNEN, HETZIJ DOOR INKOOP VAN OBLIGATIËN TOT TEN HOOGSTE DEN PARIKOERS, HETZIJ DOOR JAARLIJKSCHE UITLOTINGEN A PARI. DE EERSTE AFLOSSING GESCHIEDT OP 1 DECEMBER 1933.
DE STAD MÜNCHEN HEEFT HET RECHT VAN 1 DECEMBER 1933 AF, OP IEDEREN VERVALDAG VAN DEN INTEREST DE LEENING GEHEEL OF GEDEELTELIJK A PARI AF TE LOSSEN, MITS DAARVAN DRIE MAANDEN TE VOREN AAN OBLIGATIEHOUDERS KENNIS ZIJ GEGEVEN.

HOOFDSOM EN HALFJAARLIJKSCHE INTEREST, VERVALLENDE OP 1 JUNI EN 1 DECEMBER VAN IEDER JAAR, ZIJN BETAALBAAR TE LONDEN TEN KANTORE VAN LAZARD BROTHERS & Co. LIMITED, TER KEUZE VAN DEN HOUDER IN £ STERLING OF IN U. S. DOLLARS, BEREKEND TEGEN DEN VASTEN OMREKENINGSKOERS VAN $ 4.86 PER £ STERLING.
DE BETALING GESCHIEDT – BEHALVE VOOR HOUDERS, DIE IN DUITSCHLAND WOONACHTIG ZIJN – ZONDER AFTREK VAN EENIGE BELASTING, DIE IN DUITSCHLAND THANS WORDT OF IN DE TOEKOMST MOCHT WORDEN GEHEVEN.

HOUDER DEZES IS, OVEREENKOMSTIG DE VOORWAARDEN VAN ADMINISTRATIE, VASTGESTELD BIJ ACTE DEN 26STEN NOVEMBER 1928 VOOR DEN NOTARIS TH. C. L. SMIT TE AMSTERDAM VERLEDEN, GERECHTIGD TOT

één 6 pCt. Obligatie groot £ 100.– nominaal

OP NAAM

TEN LASTE VAN DE

STAD MÜNCHEN,

DRAGENDE HETZELFDE NUMMER ALS DIT CERTIFICAAT.

DE VOORWAARDEN VAN ADMINISTRATIE VAN 26 NOVEMBER 1928 EN DE TEKST VAN DE OBLIGATIËN, INHOUDENDE DE VOORWAARDEN, WAARONDER DE OBLIGATIËN ZIJN UITGEGEVEN, ZIJN OP DIT CERTIFICAAT AFGEDRUKT.
DE BETALING VAN HOOFDSOM EN INTEREST OP DE CERTIFICATEN GESCHIEDT TE AMSTERDAM, TEN KANTORE VAN DE AMSTERDAMSCHE BANK IN GULDENS, TER KEUZE VAN DEN HOUDER TOT DE TEGENWAARDE VAN HET DEN HOUDER TOEKOMENDE BEDRAG IN £ STERLING OF IN U. S. DOLLARS (£ 1.– = $ 4.86), TEGEN EEN DAGELIJKS DOOR HET BETAALKANTOOR VAST TE STELLEN WISSELKOERS OP LONDEN, RESP. NEW-YORK. HET ADMINISTRATIEKANTOOR DER AMSTERDAMSCHE BANK BRENGT VOOR DIE BETALING GEEN KOSTEN IN REKENING.

AMSTERDAM, 30 SEPTEMBER 1929.

ADMINISTRATIEKANTOOR DER AMSTERDAMSCHE BANK, N.V.:
AMSTERDAMSCHE BANK, N.V.

GEZIEN DOOR MIJ:

NOTARIS.

BIJ DIT CERTIFICAAT IS AFGEGEVEN EEN COUPONBLAD BEVATTENDE 49 COUPONS.

PFUNDANLEIHE FÜR MÜNCHEN

Ende der 20er-Jahre konnte nur noch H. Aufhäuser der Stadt München Auslandsgelder zu akzeptablen Konditionen vermitteln. Zudem war H. Aufhäuser die Hausbank der britischen Königsfamilie bei ihren Besuchen in Deutschland. Pfundanleihen der Stadt München, links das niederländische Papier (1929), rechts das englische (1928).

KAPITEL 3

(rund 30 Millionen Reichsmark) mit einer effektiven Verzinsung von 7,26 Prozent von Beteiligten als äußerst günstig angesehen und der Risikoaufschlag aus Sicht der Investoren damit als ungenügend beurteilt wurde.

1931 beschaffte H. Aufhäuser der Stadt München weitere ausländische Kredite; die städtischen Finanzen hatten sich wegen der Wirtschaftskrise dramatisch verschlechtert, auf dem inländischen Markt war kein Kredit zu bekommen. Unter schwierigen Umständen gelang es H. Aufhäuser dennoch, in London Kredite über zwei Millionen Reichsmark bei Kleinwort, Sons & Co. für die Stadt zu vermitteln.

Dass die ausländischen Kredite durch die ab 1931 eingeführte Devisenzwangswirtschaft und weitere staatliche Maßnahmen nur begrenzt oder gar nicht mehr bedient wurden, lag nicht an den Bankiers, sondern an der politischen Großwetterlage. Die Pfund-Anleihe von 1928 sollte nach dem Krieg sogar ein besonderer „Problemfall" werden, so der Delegationsleiter bei der Londoner Schuldenkonferenz Hermann J. Abs. Die letzten Tilgungsraten wurden erst in den 1970er-Jahren gezahlt.

Für H. Aufhäuser hatten diese Auslandskredite, zu denen auch zahlreiche Unternehmensfinanzierungen hinzukamen, einen wichtigen Nebeneffekt: Die Geschäftsverbindungen in die USA, nach England, Frankreich und in die Schweiz sicherten dem jüdischen Bankhaus in den Anfangsjahren der nationalsozialistischen Herrschaft das Überleben.

Die Bankenkrise von 1931

GROSSBANKEN UND PRIVATBANKIERS

Als viele Zeitgenossen 1931 schon dachten, das Schlimmste sei überstanden, begann mit dem Zusammenbruch der Österreichischen Kreditanstalt in Wien die zweite Phase der Weltwirtschaftskrise. Die Insolvenz des österreichischen Instituts beschleunigte den Abzug von Auslandsvermögen nicht nur aus der Alpenrepublik, sondern auch aus Deutschland; als Konsequenz verschlechterten sich die Zahlungsbilanzpositionen dramatisch. Die oft zu gering kapitalisierten Großbanken erhöhten ihre Geldmarktzinsen und reduzierten die Kreditvergabe. Ein krisenverschärfendes Problem war die sogenannte Fristentransformation: Die ausländischen Gelder waren überwiegend kurzfristig terminiert, jedoch meist langfristig ausgeliehen worden.

Als der größte europäische Textilkonzern Nordwolle in Konkurs ging, riss er die zweitgrößte deutsche Bank, die Darmstädter Nationalbank (DANAT), mit in den Abgrund; auch die Dresdner Bank geriet in Schieflage. Am 13. Juli stellte die DANAT ihre Auszahlungen ein, der folgende allgemeine Ansturm auf die Bankenschalter konnte nur durch Zwangsfeiertage bewältigt werden. Da sich die Großbanken untereinander kein Geld mehr liehen, musste der Staat eingreifen. Nachdem ein Fusionsversuch mit der Commerzbank gescheitert war, wurde die Dresdner Bank mit der DANAT zwangsfusioniert; das Deutsche Reich hielt 91 Prozent des Aktienkapitals. Auch an der Commerzbank und der Deutschen Bank war das Reich mit 70 respektive 35 Prozent beteiligt.

Eine derart dramatische Krise des Finanzsystems hatte natürlich auch ernste Folgen für das Geschäft der Privatbanken. Sowohl die Reichsregierung unter Heinrich Brüning als auch die von Hans Luther geführte Reichsbank verweigerten jegliche Unterstützung. Doch an die Stelle staatlicher Hilfe trat die Solidarität der Privatbankiers untereinander,

Neben dem Bankgebäude in der Löwengrube 20 befand sich das Haus Nummer 18, in dem im 19. Jahrhundert der „Reiterwirt" untergebracht war und zeitweise auch die Annehmlichkeiten eines Poststalls anbot. Im Haus Nummer 19 hatte seit 1808 der Domprobst seine Wohnung; später wurde dort die Dompfarrmädchenschule eingerichtet. Anfang der 1920er-Jahre standen beide Häuser zum Verkauf. Das Bankhaus nutzte die Gelegenheit, zumal sich nach dem letzten Umzug, 1899, angesichts expandierender Geschäfte die Raumfrage erneut stellte. Löwengrube, Häuser 18 bis 20, um 1920.

DIE BANKENKRISE VON 1931

Das Porträt Martin Aufhäusers stammt aus dem Wohnhaus der Bankiersfamilie in Bogenhausen. Nachdem die Gestapo das Haus während der Pogromnacht 1938 verwüstet hatte, glaubte man es verloren. Seit den 50er-Jahren hing es im Bankhaus; Anfang der 2000er-Jahre wurde es dem in Kalifornien lebenden Robert M. Aufhäuser zurückgegeben. Martin Aufhäuser, Ölporträt von Leopold Schmutzler, um 1920.

die durch die bereits bestehenden familiären und institutionalisierten Netzwerke begünstigt wurde. Eine größere Frankfurter Privatbank konnte nur dank der Intervention anderer ortsansässiger Institute – darunter Georg Hauck & Sohn – gerettet werden.

Während die Großbanken also untereinander finanzielle Hilfestellung verweigerten und vom Staat gestützt werden mussten, unterstützten sich die Privatbankiers geräuschlos hinter den Kulissen. Maßgeblich war, nicht nur das Vertrauen der Kundschaft zu rechtfertigen, sondern ebenso das Vertrauen untereinander: Kein Wettbewerber wäre jemals auf die Idee gekommen, die Notlage eines anderen Hauses zu eigenen Gunsten auszunutzen.

Wie es Georg Hauck & Sohn selbst erging, kann aufgrund der verloren gegangenen Unterlagen nicht mehr nachvollzogen werden; offenbar war man jedoch in der Lage, anderen Bankhäusern beizustehen.

Vergleichbar der DANAT brachte ein Großschuldner auch das Bankhaus M. M. Warburg des hoch angesehenen Max Warburg in Bedrängnis: Die Rudolph Karstadt AG stand nach einem rasanten Ausbau der Geschäftstätigkeit kurz vor dem Bankrott. Die Bankiersfamilie schoss Millionen zu, Max' Neffe James Warburg in den USA hielt die Bank jedoch für verloren und beteiligte sich finanziell nicht. Er setzte durch, dass sich das Bankhaus eng mit der Berliner Handels-Gesellschaft – der einzigen nicht verstaatlichten Berliner Großbank – zusammenschloss und so die Krise überstand.

Auch die Frankfurter Privatbanken Bethmann, Jacob S. H. Stern, Lincoln M. Oppenheimer und Georg Hauck & Sohn hatten sich zusammengetan, um einerseits geschlossen gegenüber staatlichen Stellen auftreten zu können und um andererseits ebenfalls eine enge Kooperation mit der Berliner Handels-Gesellschaft zu erörtern. Sal. Oppenheim versuchte vergeblich, das angesehene Kölner Bankhaus A. Levy zu retten. Resultat war eine stille Liquidation von A. Levy, an dessen Ende 1935 die Fusion mit Sal. Oppenheim stand.

DIE BANKENKRISE VON 1931

H. Aufhäuser wurde ebenfalls von der Bankenkrise in Mitleidenschaft gezogen. Dabei sollte sich die Interessengemeinschaft mit S. Bleichröder als überaus nützlich erweisen. Das Münchener Bankhaus hatte diversen Unternehmen – zum Teil auch Einzelkaufleuten – Akzeptkredite gewährt. Ein Großteil dieser Kredite konnte infolge der Bankenkrise ab dem Herbst 1929 nicht mehr bedient werden. Ende 1931 begann H. Aufhäuser damit, diese Akzeptkredite bei S. Bleichröder diskontieren zu lassen und erhielt auf diese Weise bis Anfang 1933 knapp 1,5 Millionen Reichsmark.

Hinzu kamen dramatische Kursrückgänge an den Börsen: H. Aufhäuser musste allein 1929 im Wertpapierbestand Verluste von 840.000 Mark hinnehmen. Die gravierenden Auswirkungen der Krise lassen sich an weiteren Kennzahlen ablesen (1932 im Vergleich zu 1929): Die Bilanzsumme sank um über 60 Prozent auf nur noch 29 Millionen Mark, die Summe der Kundeneinlagen um ein Drittel auf 24 Millionen Mark, der Wertpapierbestand um fast die Hälfte und die Debitoren um fast 70 Prozent. Da die Bank jedoch auf solidem Fundament ruhte, war dies alles nicht existenzgefährdend. So sahen es auch die Kunden – im Krisenjahr 1931 erhöhten sich sogar die Kundeneinlagen. Den Privatbanken wurde anscheinend mehr vertraut als den Großbanken.

Dem einen oder anderen geneigten Leser dürften die Parallelen zur Zeit des neuen Jahrtausends sicher nicht entgangen sein. Ohne historische Entsprechung ist jedoch das, was nach 1933 geschehen sollte …

KAPITEL 3

„Wiederherstellung der kaufmännischen Moral"

OTTO HAUCK ÜBER DIE WERTE DES EHRBAREN KAUFMANNS

Die Weltwirtschaftskrise, die durch den Zusammenbruch der New Yorker Börse am 24. Oktober 1929 ausgelöst wurde, brachte auch das schleichende Ende der Weimarer Republik. Schon damals war Deutschland auf den Export angewiesen; die Krise traf das Land deshalb härter als andere Staaten und griff rasch auf die Binnenkonjunktur über. In dieser Situation verfasste Otto Hauck, damaliger Präsident der Industrie- und Handelskammer Frankfurt am Main und Hanau, einen Brief an den Deutschen Industrie- und Handelstag in Berlin. Thema des Schreibens war das Wertesystem des „ehrbaren Kaufmanns", wie es auch heute noch in vielen Familienunternehmen und damit in weiten Kreisen des deutschen Mittelstands gilt.

Frankfurt am Main, 25. November 1931
Betr. die Wiederherstellung der kaufmännischen Moral

Aus Anlaß verschiedener Zusammenbrüche in der neuesten Zeit, bei denen schwere Verfehlungen festgestellt wurden, sind von den Gegnern der Privatwirtschaft in der Öffentlichkeit schwere Angriffe gegen die deutsche Wirtschaft im Ganzen erhoben worden, die meist in der Schlußfolgerung ausmündeten, daß das „System der kapitalistischen Wirtschaft versagt habe". Auch wurde, und zwar nicht nur von den Gegnern der Privatwirtschaft, Klage darüber geführt, daß in Deutschland die kaufmännische Moral stark gesunken sei.

In dieser Allgemeinheit ist der Vorwurf sicher nicht begründet. Auch das Ausland hat seine Skandalprozesse erlebt, ohne dabei eine Entschuldigung in der Zerrüttung der

WIEDERHERSTELLUNG DER KAUFMÄNNISCHEN MORAL

Die „Handelskammer zu Frankfurt am Main" war der Betreiber der Frankfurter Börse. Das kam nicht von ungefähr, denn ein großer Teil ihrer Mitglieder waren Bankiers. Die 1878 fertiggestellte Handelskammer an der Rahmhofstraße auf einem Foto von 1892. Noch heute beherbergt das Gebäude den Handelssaal der Frankfurter Wertpapierbörse.

wirtschaftlichen und staatlichen Verhältnisse finden zu können. Immerhin erscheint es uns als eine Aufgabe der amtlichen Berufsvertretungen der Wirtschaft, jenen Vorwürfen nachzugehen und nach Kräften dahin zu wirken, daß die Grundsätze des ehrbaren Kaufmanns im ganzen wirtschaftlichen Leben wieder voll zur Geltung gelangen.

Als eine große Gefahr nicht nur für die kaufmännische, sondern auch für die allgemeine Moral hat sich auch die sog. moderne Wirtschaftsauffassung erwiesen, die in behördlichen Kreisen mehr und mehr Eingang gefunden hat. Danach ist für die Schäden die der Einzelne anrichtet, vorwiegend nicht der Täter selbst, sondern die wirtschaftliche und soziale Organisation der Gesellschaft verantwortlich zu machen, anstatt daß umgekehrt in den sozialen Verhältnissen der natürliche und zeitbedingte Niederschlag des sittlichen Standes der einzelnen Glieder der Gemeinschaft erblickt wird.

Das tragende Fundament des freien wirtschaftlichen, sogenannten kapitalistischen Systems ist die volle persönliche Verantwortung des Wirtschaftenden für seine Handlungen in moralischer und finanzieller Beziehung. Der sittliche Maßstab, der dabei anzulegen ist, findet seinen Niederschlag in der seit Jahrhunderten herausgebildeten und bisher feststehenden Tradition des „ehrbaren Kaufmanns". Wird der Kampf um unser Wirtschaftssystem von den Vertretern des Kapitalismus nicht ernsthaft begriffen als ein Kampf idealistischer Auffassung gegen den Materialismus, so fehlt ihm das ethische Fundament und damit die Gewähr eines dauernden Erfolgs.

Es ist tragisch, daß in dem Augenblick, in welchem der natürliche Ablauf der wirtschaftlichen Entwicklung das ganze gemeinwirtschaftliche Programm zum Scheitern gebracht hat, jetzt umgekehrt das privatwirtschaftliche System verantwortlich gemacht wird, nicht zum wenigsten deswegen, weil im gleichen Augenblick zutage tritt, daß in einzelnen Fällen Leiter größter Unternehmungen den Boden der Moral verlassen oder in unverantwortlicher Fahrlässigkeit ihre Pflichten versäumt haben.

WIEDERHERSTELLUNG DER KAUFMÄNNISCHEN MORAL

Die deutschen Industrie- und Handelskammern waren auf den Teilgebieten, die zu ihrer Zuständigkeit gehörten, schon bisher bestrebt, die Grundsätze des ehrbaren Kaufmanns im Geschäftsverkehr zur Geltung zu bringen. Wir erinnern an die jahrelange und intensive Arbeit zur Abstellung der Schäden im Vergleichsverfahren, im Vollstreckungswesen und auf dem Gebiete des unlauteren Wettbewerbes zur Eindämmung der Auswüchse des Ausverkaufs- und Reklamewesens. Es scheint uns aber wünschenswert, für diese Bestrebungen durch eine Erweiterung der Befugnisse der Industrie- und Handelskammern eine breitere Basis zu schaffen. Wir nehmen zu diesem Zwecke einen Vorschlag auf, der den Deutschen Industrie- und Handelstag schon im Jahre 1926 beschäftigt hat, nämlich die Schaffung kaufmännischer Ehrengerichte. Solche Ehrengerichte bestehen auf gesetzlicher Basis bisher nur für die Börsen. So gut aber für Rechtsanwälte, Ärzte und andere Berufszweige Ehrengerichte bestehen, erscheinen sie auch für die in das Handelsregister eingetragenen Kaufleute zweckmäßig.

Nachdem die DANAT-Bank im Zuge der Weltwirtschaftskrise zusammengebrochen war, fürchteten die Sparer um ihre Einlagen. Viele Banken mussten Insolvenz anmelden oder vom Staat gerettet werden. Menschenmenge vor der geschlossenen Berliner Bank für Handel und Grundbesitz im Juli 1931.

Die Rüge des Standesgenossen wegen einer kaufmännisch unehrenhaften Handlungsweise wird, namentlich wenn sie in der Öffentlichkeit bekannt wird, sich für den Betroffenen als empfindliche Strafe darstellen. Auch könnte die Rechtsprechung der Ehrengerichte allgemeine Grundsätze feststellen, die als Richtschnur für den Geschäftsverkehr dienen könnten. Die Kaufmannschaft selbst aber muß in ihrem eigenen Interesse Wert darauf legen, daß unlautere Elemente aus ihren Reihen entfernt werden.

Ein weiteres Mittel zu dem erstrebten Ziel besteht darin, dass auf die Erziehung des kaufmännischen Nachwuchses die größte Sorgfalt verwandt wird. Auch hier könnte den Industrie- und Handelskammern eine gewisse Einwirkung eingeräumt werden.

Wir sind uns bewusst, daß mit gesetzgeberischen Maßnahmen allein ein Erfolg auf diesem Gebiete nicht erzielt werden kann. Der Kampf um die Wiederherstellung der Wirtschaftsmoral wird nur dann erfolgreich sein, wenn er die auf innerer Überzeugung beruhende Unterstützung weiter Kreise nicht nur der Wirtschaft, sondern des ganzen Volkes finden wird. Dabei scheint es uns Aufgabe der Handelskammern zu sein, der Öffentlichkeit zu zeigen, daß sie nicht vertuschen und beschönigen, sondern aufdecken und säubern wollen, und daß sie selbst willens und in der Lage sind, die Standes- und Berufs-Ehre der Kaufmannschaft zu wahren. Je schneller sie zugreifen, je entschiedener sie sich mit ihrer eigenen Autorität in dieser Sache einsetzen, um so schneller wird auch diese moralische Krise vorübergehen, deren Überwindung unerläßliche Voraussetzung für die materielle Gesundung unserer Wirtschaft, ja für ihren Fortbestand überhaupt ist.

gez. Otto Hauck
Verband der Hessisch-Nassauischen Industrie- und Handelskammern
Industrie- und Handelskammer Frankfurt am Main-Hanau

WIEDERHERSTELLUNG DER KAUFMÄNNISCHEN MORAL

„Unser Großvater, Otto Hauck, war ein freundlicher, großzügiger Herr. Wir Kinder hatten nicht die geringste Ahnung davon, daß er ein bedeutender Bankier war, Präsident der Frankfurter Handelskammer, Mitglied oder Vorstand der Aufsichtsräte vieler der wichtigsten deutschen Firmen in Industrie, Handel und Bankwesen." Aus den Erinnerungen von Maria Ladenburg, geborene Hauck. Ölporträt Otto Haucks, um 1930.

KAPITEL 3

Familie Otto und Mathilde Hauck

Im 19. Jahrhundert war die kaufmännisch geprägte Frankfurter Oberschicht ein weitgehend geschlossener Kreis. Wer tagsüber Geschäfte miteinander machte, traf sich abends auch bei Konzerten, Wohltätigkeitsveranstaltungen, auf Bällen und Diners. Heiraten waren ein konventionelles Mittel, um die Beziehungen zwischen den Familien noch enger zu flechten. So war Otto Hauck mit Mathilde Metzler, Tochter des Bankiers und späteren Stadtrates Albert von Metzler, verheiratet; die Trauung fand am 19. Mai 1891 auf dem Römer statt. Otto und Mathilde Hauck bekamen vier Kinder: Adele (Addy), Alexander, Elisabeth (Lilly) und Martha.

Die Kinder von Otto und Mathilde Hauck (von links nach rechts): Martha, Lilly, Alexander und Addy.

FAMILIE OTTO UND MATHILDE HAUCK

Mathilde Hauck, Tochter des Bankiers Albert von Metzler.

Otto Hauck, seit 1887 Teilhaber von Georg Hauck & Sohn.

KAPITEL 3

„Sparen muß man bei den reichen Leuten lernen"

Otto und Mathilde Hauck, geborene Metzler, bezogen nach ihrer Heirat 1891 eine Wohnung im zweiten Stock des Bankhauses Metzler in der Gallusstraße 18. Nach der Geburt ihrer vier Kinder, Addy, Alexander, Lilly und Martha, erwarben sie zunächst ein Haus mit Garten in der Gutleutstraße 34. Wenig später ließen sie sich am Schaumainkai 47 nieder, wo sie eine prächtige Villa nach ihren Vorstellungen errichteten.

„Das Haus war voller interessanter Dinge, und wir drei Geschwister erinnern uns heute, nach fast acht Jahrzehnten, noch an das Bärenfell vor dem Kamin." Aus den Erinnerungen von Maria Ladenburg, geborene Hauck.

Addy Hauck erinnerte sich später: *„Das neue Haus im Louis XVI-Stil erfüllte die Herzen der Eltern mit großem Stolz. Es war mit allen in der damaligen Zeit möglichen Neuerungen ausgestattet: elektrischem Licht, Telefon, Speiseaufzug, Zentralheizung und Warmwasserversorgung in allen Ecken, besonders in den vier Badezimmern. Das Haus hatte über 30 Räume und in jedem Stockwerk einen Riesenvorplatz. Im Eßzimmer konnten wir 24 Personen setzen, doch bei Bällen kamen manchmal 150 Gäste. Raum war ja genug da! Es gab einen Tanzsaal mit einer Empore für die Musik. Gegessen wurde in solchen Fällen auch auf den Vorplätzen im Parterre und im ersten Stock, sogar auf dem Treppenabsatz im sehr schönen, getäfelten Treppenhaus.*

SPAREN MUSS MAN BEI DEN REICHEN LEUTEN LERNEN

Über alles wurde im Haushalt Buch geführt. Nichts, aber auch gar nichts wurde vertan. Jede Kordel wurde aufgeknotet und aufgehoben, jedes Einwickelpapier wieder verwendet. Stundenlang saß die Mutter, um das Haushaltungsbuch zu kontrollieren. So erstaunte mich auch der Ausspruch einer späteren Köchin nicht: „Sparen muß man bei den reichen Leuten lernen."

Wunderbar war der Blick über den Main von den oberen Stockwerken. Da gab es immer etwas Interessantes zu sehen: Schiffe, meist mit Sand beladen, zogen vorbei oder wurden am unteren Kai mit Baggern entladen. Mit großem Krach näherte sich die Mainkette, ein Schleppschiff aus Eisen, das an einer im Flußbett liegenden Kette flußaufwärts gekurbelt wurde. Auf der gegenüberliegenden Seite, an der Nizza-Promenade, lagen im Sommer die Schwimmanstalten im Wasser. Die Mädchen trugen knöchellange, weite Schwimmkleider. Von unserem Fenster aus konnten wir die Jeunesse dorée Frankfurts im – auch damals schon nicht gerade sauberen – Mainwasser herumplanschen sehen."

„Wunderbar war der Blick über den Main von den oberen Stockwerken" – Addy Hauck erinnert sich an die Aussicht vom Familiendomizil Schaumainkai 47. Im Hintergrund die Kuppel des Bühnenhauses des im Zweiten Weltkrieg zerstörten Frankfurter Schauspiels.

KAPITEL 3

Eine Kindheit in der Bank

MARIA LADENBURG ERINNERT SICH

Maria Ladenburg ist die Tochter Alexander Haucks und die Schwester von Michael Hauck. An die Bank hat sie viele Kindheitserinnerungen, besonders an das Gebäude in der Neuen Mainzer Straße und die geheimnisvollen Wörter auf den Türen, wie „Cassa", „Bureau", „Comptoir" oder „Chefcabinett". Lange Zeit sei ihr zum Beispiel auch völlig unklar gewesen, womit die Familie ihren Lebensunterhalt bestritt: „Als ich dann lesen konnte, fand ich eine Zeitschrift auf dem Nachttisch meines Vaters und entzifferte: ‚Der Deutsche Volkswirt'. Ich war daraufhin der Meinung, er besäße ein Wirtshaus."

Mit dem Bankgeschäft direkt hatte Maria Ladenburg nie etwas zu tun gehabt. Sie studierte Philosophie, Germanistik und Kunstgeschichte in Freiburg; während des Zweiten Weltkriegs hörte sie Vorlesungen bei Martin Heidegger. Später schrieb sie als Journalistin für die Frankfurter „Neue Woche", war Mitarbeiterin beim „Stern", arbeitete als freie Übersetzerin und als Kinderbuchautorin. In zweiter Ehe war sie mit dem Bankier Richard Ladenburg verheiratet, der von 1970 bis 1980 dem Aufsichtsrat und dem Auktionärsausschuss von Georg Hauck & Sohn vorsaß.

EIN SERIÖSES BANKHAUS IN DER NEUEN MAINZER STRASSE 30

Das schöne, alte Haus in der Neuen Mainzer Straße 30 sah aus wie manche anderen schönen, alten Häuser in der schönen, alten Reichsstadt Frankfurt am Main. Um 1815 war es für den ehemaligen Frankfurter Bürgermeister Georg Friedrich von Guaita im klassizistischen Stil erbaut worden. Seit dem Jahr 1871 war das Gebäude der Sitz des Frankfurter Bankhauses Georg Hauck & Sohn.

EINE KINDHEIT IN DER BANK

„Das schöne, alte Haus in der Neuen Mainzer Straße 30 sah aus wie manche anderen schönen, alten Häuser in der schönen, alten Reichsstadt Frankfurt am Main. Um 1815 war es für den ehemaligen Frankfurter Bürgermeister Georg Friedrich von Guaita im klassizistischen Stil erbaut worden." Aus den Erinnerungen von Maria Ladenburg, geborene Hauck.

KAPITEL 3

Kein Firmenschild beeinträchtigte den vornehmen Charakter der Fassade. Für eine seriöse Bank war Reklame oder jede andere Art von Werbung damals undenkbar. Hinweise auf die eigene Leistung, den finanziellen Erfolg galten als geradezu unanständig. Sie hätten die Kundschaft jener Tage eher abgestoßen: Hatte eine gute Bank so etwas nötig? Später wurde dann ein kleines Metallschild an der Tür angebracht; es trug die Aufschrift „Georg Hauck & Sohn".

Als unser Vater zum Honorarkonsul von Dänemark ernannt wurde, hing dann auch noch ein ovales Schild über der Tür mit der dänischen Fahne, einer Krone und der umlaufenden Schrift „Kongelige Danske Konsulat". Das Konsulat bestand aus einem winzigen Raum und einem freundlichen Mitarbeiter, der allerdings wenig zu tun hatte, weil es zu jener Zeit wohl nicht viele Dänen in Frankfurt gab.

DER BANKBETRIEB GLICH DEM MITTELALTER

Der Betrieb in der kleinen Privatbank war am Beginn des 20. Jahrhunderts dem Mittelalter näher als der Gegenwart. Eltern, die ihre Kinder zu Bankangestellten ausbilden lassen wollten, mussten zum Beispiel noch Lehrgeld an den Ausbilder entrichten. Wenn der Sohn oder die Tochter später Fehler machten, sagte man zu ihnen „Lass Dir Dein Lehrgeld wiedergeben!". Bei Georg Hauck & Sohn muss es allerdings recht gute Ausbilder gegeben haben, denn viele ehemalige Lehrlinge blieben ihr ganzes Arbeitsleben in der Bank, und manche bekleideten wichtige Posten.

Drei von vier Samstagen im Monat wurde gearbeitet. Sonntags erwartete man von den Lehrlingen, dass sie nach dem Kirchenbesuch bei der Bank vorbeischauten, ob dort Arbeit auf sie wartete. Die Einrichtung der Geschäftsräume sah ebenfalls jener aus früheren Jahrhunderten ähnlich. Ich kann mich an keine anderen Maschinen erinnern als Schreibmaschinen und an kein einziges modernes Möbelstück. Parkplatzsorgen gab es keine: Niemand kam mit dem Auto, nicht einmal die Geschäftsleitung. An eine Kantine war nicht zu denken: Jeder Mitarbeiter brachte sein Mittagsbrot in einer Blechschachtel mit.

„Der Betrieb in der kleinen Privatbank war am Beginn des 20. Jahrhunderts dem Mittelalter näher als der Gegenwart … Niemand kam mit dem Auto, nicht einmal die Geschäftsleitung. An eine Kantine war nicht zu denken: Jeder Mitarbeiter brachte sein Mittagsbrot in einer Blechschachtel mit." Aus den Erinnerungen von Maria Ladenburg, geborene Hauck. Mitarbeiter von Georg Hauck & Sohn um 1890.

WIE SPANNEND ES FÜR UNS KINDER IN DER BANK WAR

Für uns drei Hauck-Kinder war es eine wunderschöne Zeit. Wie spannend war es immer wieder, wenn wir Großvater und Vater in der Bank besuchen durften. Durch eine schwere Holztür gelangte man in einen düsteren Korridor – und schon begann das Vergnügen. Hinter der Tür stand ein runder, weiß emaillierter Spucknapf. Zur Begrüßung spuckten wir jedes Mal hinein, so kräftig wir konnten.

Der Korridor führte zu einem Vorplatz, dort gab es verschiedene Türen. In eine davon war ein Schiebefenster eingebaut. Dies Fensterchen stand fast immer offen, und in seinem Rahmen war das freundliche Gesicht des Kassierers, Herrn Emmerich, zu sehen. Er wusste von jedem Kunden alles: Wann das Enkelkind die Masern gehabt hatte, wann

KAPITEL 3

der Hund fortgelaufen und ob die Schwiegermutter wieder abgereist war. All das wurde ausgiebig besprochen, während der Kunde vor dem Schiebefenster stand, über dem das rätselhafte Wort „Cassa" zu lesen war. Überhaupt standen auf den Türen geheimnisvolle Wörter, die mir im ersten Lesealter höchst fremdartig vorkamen: „Bureau", „Comptoir" und, besonders mysteriös, „Chefcabinett".

Hinter der Tür „Chefcabinett" saßen sich unser Großvater und unser Vater an einem riesigen, doppelseitig benutzbaren Schreibtisch gegenüber. Kaum hatten wir unseren Großvater begrüßt, holte er – wie von uns nicht anders erwartet – eine runde, braune Schachtel aus einer Schublade und ließ uns daraus eine Handvoll köstlicher Schokoladenplätzchen nehmen. Auf der Schachtel stand „Gala Peter".

„Wir wohnten in einem schönen Haus mit prachtvollem Garten. Oft waren Gäste da, es wurde Boccia gespielt, wir konnten alle unsere Schulfreundinnen und Schulfreunde mitbringen..." Aus den Erinnerungen von Maria Ladenburg, geborene Hauck. Die Kinder Michael, Maria und Gabriele (von links nach rechts).

EINE KINDHEIT IN DER BANK

UNSER GROSSVATER WAR EINER DER GROSSZÜGIGSTEN MENSCHEN

Unser Großvater, Otto Hauck, war ein freundlicher, großzügiger Herr, vielleicht manchmal etwas distanzierter als unser immer zu jedem Spaß mit uns bereiter Vater, aber auch mit viel Sinn für Humor. Wir hatten nicht die geringste Ahnung davon, dass er ein bedeutender Bankier war, Präsident der Frankfurter Handelskammer, Mitglied oder

„Das Leben eines Privatbankiers in den 20er- und 30er-Jahren klingt für den heutigen Banker wie ein Märchen. Morgens vor der Arbeit fuhr unser Vater, Alexander Hauck, zum Sport oder er trainierte im Haus oder Garten." Aus den Erinnerungen von Maria Ladenburg, geborene Hauck. Ditmarstraße 4.

KAPITEL 3

Vorstand der Aufsichtsräte vieler der wichtigsten deutschen Firmen in Industrie, Handel und Bankwesen.

Er wohnte in einem prachtvollen Haus, mit einem unendlich großen Garten, den eine richtige Straße durchzog. Ein Auto hat er nie besessen, dafür aber einen Personenlift ganz für sich allein – in dieser Zeit und besonders für uns Kinder sensationell. Hoch über dem Main und der Stadt gab es auch eine Dachterrasse, von der konnten wir mit unserem Großvater den Zeppelin am Himmel fliegen sehen.

Großvater und Vater stifteten sehr erhebliche Beträge für Bürgereinrichtungen wie Universität, Städel-Museum und anderes. Aber von ihnen lernten wir auch die Tugend des Sparens. Große Summen wurden, wo es nötig war, ohne viel Aufhebens beglichen. Aber auf eine 8-Pfennig-Postkarte eine 10-Pfennig-Briefmarke zu kleben, das war schlimmste Verschwendung.

WIR MUSSTEN ZUSEHEN, WIE ALLES IN SCHUTT UND ASCHE FIEL

In der Nacht vom 22. zum 23. März 1944 fuhren mein Vater und ich mit dem Fahrrad von unserem Haus in der Ditmarstraße 4 in die Innenstadt. Es hatte einen furchtbaren Luftangriff gegeben. Unser Wohnhaus hatte schwere Schäden erlitten, stand aber noch. Die in der Nähe heruntergekommene Luftmine hatte um uns herum vieles zerstört und unseren kleinen Hund, der in Panik ins Freie gelaufen war, zerrissen.

Wir sahen entsetzlichen Feuerschein und Rauch über der Stadt. Mein Vater machte sich große Sorgen um das Bankhaus in der Neuen Mainzer Straße. Auch hatten wir noch keine Nachricht von meinem Bruder Michael, der mit 15 Jahren zur Wehrmacht eingezogen worden war und in dieser Nacht bei der Flugabwehr im Stadtteil Sossenheim Dienst tat. Meine Schwester Gabriele machte ihr „Pflichtjahr" – eine NS-Erfindung für

EINE KINDHEIT IN DER BANK

„In der Nacht vom 22. zum 23. März 1944 fuhren mein Vater und ich mit dem Fahrrad von unserem Haus in der Ditmarstraße 4 zur Bank. Die ganze Innenstadt brannte, und es gab nirgendwo Löschwasser. So standen wir hilflos auf der anderen Straßenseite und mussten zusehen, wie alles in Schutt und Asche fiel." Aus den Erinnerungen von Maria Ladenburg, geborene Hauck. Neue Mainzer Straße 30 im April 1945.

KAPITEL 3

„Er war der lustigste Vater, den man haben konnte. Wir erlebten mit ihm die herrlichsten Dinge. Er war sportlich, ein passionierter Jäger, wir Kinder sahen ihn zum Frühstück, mittags und abends." Aus den Erinnerungen von Maria Ladenburg, geborene Hauck. Alexander Hauck mit seinen Kindern Michael, Maria und Gabriele (von links).

alle deutschen Mädchen – im sicheren Schleswig-Holstein. Mein Vater und ich fuhren an zerstörten Häusern vorbei, vom Rauch hustend, in ständiger Furcht vor herabfallenden Trümmern und brennenden Balken. Wir mussten bald unsere Fahrräder schieben, denn die Reifen waren durch den heißen Straßenbelag geschmolzen. Dann kamen wir zur Bank.

Sie stand vollkommen in Flammen. Mein Vater versuchte verzweifelt, die Feuerwehr zum Löschen zu erreichen. Das war aber ganz hoffnungslos. Die ganze Innenstadt brannte, und es gab nirgendwo Löschwasser. So standen wir hilflos auf der anderen Straßenseite und mussten zusehen, wie alles in Schutt und Asche fiel. Die Bank brannte drei Tage: das schöne Haus, die alten Möbel, das gesamte Archiv; die Hitze zerstörte sogar den Inhalt der Tresore im Keller.

EINE KINDHEIT IN DER BANK

WIE SICH DAS LEBEN EINES PRIVATBANKIERS VERÄNDERTE

Er war der lustigste Vater, den man haben konnte. Wir erlebten mit ihm die herrlichsten Dinge. Er war sportlich, ein passionierter Jäger, wir Kinder sahen ihn zum Frühstück, mittags und abends.

Das Leben eines Privatbankiers in den 20er- und 30er-Jahren klingt für den heutigen Banker wie ein Märchen. Morgens vor der Arbeit fuhr unser Vater, Alexander Hauck, zum Sport oder er trainierte zu Hause. Ins Büro fuhr er mit dem Fahrrad oder ging zu Fuß, mit dem Auto fuhr er nie. Mittags ging er kurz zur Börse. Gegen halb zwei kam er zum gemeinsamen Mittagessen. Nachmittags war er noch einmal im Büro, aber am frühen Abend stets zu Hause, um mit uns noch etwas zu unternehmen. Fast jeden Sonntag ging es in den Taunus zum Wandern. Immer hatten wir Gäste, Schulfreundinnen und -freunde im Haus. Von den schweren Wolken, die sich zusammenbrauten, ließen uns unsere Eltern nichts merken.

Alles änderte sich ab 1933. Freunde unserer Eltern wurden vertrieben. Klassenkameraden verschwanden ohne Abschied. Das Bankgeschäft wurde behindert, viele Kunden waren plötzlich nicht mehr da, politische Probleme türmten sich auf. Schließlich zerstörte der Krieg, was von den alten Zeiten noch übrig geblieben war.

Alexander Hauck konnte das wirtschaftliche und öffentliche Engagement seines Vaters nicht fortsetzen. Auf seine ruhige und zurückhaltende Art aber zeigte er in jenen Jahren unglaublich viel Mut und aufrechte Haltung. Er half zahlreichen Menschen, das rettende Ausland zu erreichen.

Nach 1945 führte unser Vater das Bankgeschäft unter größten Schwierigkeiten und in jämmerlichen Notunterkünften so gut es ging weiter. Einer schweren Krankheit wegen musste er bald aufgeben. Den Wiederaufstieg hat er nicht mehr miterlebt.

KAPITEL 4

Zeit des Nationalsozialismus

Was Revolutionen und Kriege, Finanz- und Wirtschaftskrisen nicht vermochten, drohte während der Zeit des Nationalsozialismus: Sowohl Georg Hauck & Sohn als auch das jüdische Bankhaus H. Aufhäuser standen kurz vor dem Ende ihrer Geschäftstätigkeit.

1933 ernannte Reichspräsident Paul von Hindenburg Adolf Hitler zum Kanzler. Die neuen Machthaber begriffen rasch, dass sie ohne ein funktionierendes Finanzsystem, das allerdings von jüdischen Bankiers geprägt war, ihre ersten politischen Ziele nicht erreichen würden: den Abbau der Arbeitslosigkeit und die Mobilisierung der Wirtschaft, insbesondere der Rüstungsindustrie. 1934 verabschiedeten sie das Kreditwesengesetz (KWG), das die Bankenaufsicht neu oder überhaupt erst regelte. Zwar war darin die Existenzberechtigung privater Geldinstitute festgeschrieben, gleichwohl machten die Nationalsozialisten Front gegen einen Teil der Branche. Denn in ihrer Ideologie war das internationale Finanzwesen ein wesentlicher Teil der Vorstellung einer „jüdischen Weltverschwörung". Die gab es in der Realität natürlich nicht, dennoch war diese Verschwörungstheorie von Demagogen, Vereinen und Universitäten seit dem 19. Jahrhundert bis tief ins bürgerliche Lager hineingetragen worden. In der Logik dieses Denkens lag es, dass die jüdischen Bankiers über kurz oder lang aus dem Wirtschaftsleben des Reiches „entfernt" werden mussten.

Zunächst aber konnten jüdische Banken trotz Repressalien und Schikanen weiter ihren Geschäften nachgehen. Doch die von manchen gehegte Hoffnung, auch diese antisemitische Phase sei nur vorübergehend und unbeschadet zu überstehen, trog. Ab 1937 verschärfte sich die Lage: Die Wirtschaft florierte, die Arbeitslosigkeit war beseitigt, es herrschte teilweise sogar Fachkräftemangel; Hitlers Autarkiepolitik trug

ZEIT DES NATIONALSOZIALISMUS

Früchte. Auf jüdische und andere unliebsame Bankiers glaubte man ab nun verzichten zu können. Hinzu kam, dass die nationalsozialistische Führung sukzessive ihre anfängliche Zurückhaltung gegenüber dem Ausland aufgab; das „Wohlverhalten" war auch davon motiviert gewesen, die Olympischen Spiele 1936 in Deutschland als Machtdemonstration wirkungsvoll in Szene zu setzen. Die Winterspiele in Garmisch-Partenkirchen wurden übrigens von Karl Ritter von Halt organisiert, der von 1923 bis 1936 Generalbevollmächtigter und Personalchef von H. Aufhäuser war.

Karl Ritter von Halt, Organisator der Olympischen Winterspiele 1936 in Garmisch-Partenkirchen, war bis 1936 Generalbevollmächtigter und Personalchef von H. Aufhäuser. Danach wechselte er zur Deutschen Bank und war 1938 das erste Vorstandsmitglied mit NS-Parteibuch; seine Karriere hatte er aber bei einer jüdischen Bank begonnen. Adolf Hitler begrüßt Karl Ritter von Halt bei der Eröffnungsfeier am 6. Februar 1936.

KAPITEL 4

GEORG HAUCK & SOHN

Als politisch sehr liberal geführtes Bankhaus war Georg Hauck & Sohn in Frankfurt heftigen Repressalien ausgesetzt. Nur die Aufnahme eines Kompagnons sicherte das kaufmännische Überleben. Nach dem Krieg standen die Inhaber des Bankhauses praktisch vor dem Nichts.

Die Lage von Georg Hauck & Sohn unter der nationalsozialistischen Herrschaft lässt sich aufgrund mangelnder Unterlagen und Dokumente nur sehr schemenhaft nachzeichnen. Alexander Haucks Großmutter war jüdischer Abstammung. Sein Großvater und Namensvetter hatte 1861 Anna Emilie Reiss geheiratet, die Tochter des Frankfurter Kaufmanns Enoch Reiss. Die Familie Reiss war seit 1530 in Frankfurt ansässig und zählte zu den wohlhabendsten jüdischen Familien der Stadt. Doch Anna Reiss war bereits als Kleinkind getauft worden und zum christlichen Glauben konvertiert. Alexander Hauck war trotzdem nach nationalsozialistischer Rassenlehre ein „Mischling zweiten Grades" – und dennoch erkannte ihn die IHK Frankfurt-Hanau als „Reichsbürger" mit allen Rechten an. Auch Georg Hauck & Sohn wurde 1938 als „arisch" beziehungsweise als „deutsches Unternehmen" bezeichnet.

Dessen ungeachtet war das Bankhaus während des Nationalsozialismus heftigen Repressalien ausgesetzt: Den Machthabern war die „halbjüdische" Abstammung der Bankiers verdächtig und ihre liberale Gesinnung ein Dorn im Auge.

Hinzu kam, dass Georg Hauck & Sohn – im Gegensatz zu vielen anderen „arischen" Banken – sein Geschäft nicht durch die Übernahme jüdischer Häuser erweiterte. Für Alexander Hauck war dies aber offensichtlich keine Option, was ihm aus moralischer Sicht nicht hoch genug anzurechnen ist. Gleichzeitig nahm er sich damit die Möglichkeit, seinen durch Auswanderung dezimierten Kundenstamm zu ersetzen. Wie dramatisch die Lage war, zeigte sich daran, dass er 1938 kurz vor der Aufgabe des Bankgeschäfts stand; der Gewinn betrug nur noch 11.000 Reichsmark.

ZEIT DES NATIONALSOZIALISMUS

1939 trat Adolf Melber als persönlich haftender Gesellschafter und Erbe des väterlichen Bankhauses J. Ph. Kessler bei Georg Hauck & Sohn ein. Die Bankiersfamilie Hauck war bei den Nationalsozialisten in Misskredit geraten – als „Arier" im Sinne des Regimes rettete Melber die Existenz beider Bankhäuser. 1945 wurde Adolf Melber von der US-Militärregierung ohne Nennung von Gründen abgesetzt. Wenig später stellte ihn das Bankhaus wieder als Generalbevollmächtigten ein. Adolf Melber ging Ende 1962 in den Ruhestand. Adolf Melber, um 1960.

KAPITEL 4

Der Kaiserplatz in Frankfurt am Main um 1930. Der Brunnen wurde 1876 nach dem Vorbild des Lucae-Brunnens auf dem Opernplatz gestaltet und von dem Bankier Raphael von Erlanger gestiftet. Das Gebäude Kaiserstraße 24 – gegenüber der Straßenbahn – war damals eine Niederlassung der Deutschen Bank; heute beherbergt es den Hauptsitz von Hauck & Aufhäuser Privatbankiers.

ZEIT DES NATIONALSOZIALISMUS

Rettung in prekärer Lage kam von einem Außenstehenden: Adolf Melber – übrigens ein Ururenkel von Johann Wolfang von Goethes Tante. Er und Alexander Hauck kannten sich aus Jugendtagen, sie hatten gemeinsam das Frankfurter Goethe-Gymnasium besucht. Adolf Melber hatte 1938 selbst mit Schwierigkeiten zu kämpfen: Sein Vater war gestorben, und alleine sah er sich außerstande, die geerbte Bank J. Ph. Kessler weiterzuführen. Die Privatbank war 1804 gegründet worden und hatte im Lauf der Zeit Niederlassungen in Manchester, Bradford und New York etabliert, die um die Jahrhundertwende geschlossen oder in Aktiengesellschaften umgewandelt wurden.

Um die Probleme beider Bankhäuser zu lösen, traf man folgende Regelung: Georg Hauck & Sohn übernahm die Mehrheit an J. Ph. Kessler, und Adolf Melber trat zum 1. Januar 1939 als persönlich haftender Gesellschafter bei Georg Hauck & Sohn ein. Er war damit der erste Partner, der nicht zur Familie Hauck gehörte. Zwar bedeutete diese Konstellation keine Fusion beider Banken – bis weit nach dem Krieg erstellte man separate Jahresabschlüsse –, und die Geschäfte wurden im Wesentlichen vom Bankhaus Georg Hauck & Sohn getätigt. Entscheidend aber war, dass mit Adolf Melber ein „Arier" im Sinn des nationalsozialistischen Regimes an der Spitze der Bank stand. Damit trat nach außen hin eine wesentliche Änderung ein, die das Überleben der beiden Banken bis nach Kriegsende sicherte.

Über die geschäftlichen Aktivitäten des Bankhauses während der nationalsozialistischen Zeit ist praktisch nichts mehr bekannt. Das Privatkundengeschäft war naturgemäß ein wichtiger Ertragspfeiler. Es gibt Hinweise darauf, dass das Geschäft mit Unternehmen ebenfalls in begrenztem Umfang weitergeführt werden konnte. So war Georg Hauck & Sohn beispielsweise maßgebend an der Gummiwerk Reinhard Gollert KG in Marienburg/Westpreußen beteiligt, die ihrerseits während des Krieges nach Osten expandieren wollte.

KAPITEL 4

Obwohl die Verbindung Hauck – Melber während der Nazizeit die Existenz beider Häuser rettete, wurde sie nach Kriegsende abrupt beendet: 1945 erklärte die US-Militärregierung Adolf Melber kurzerhand für abgesetzt. Die Gründe für dieses Vorgehen bleiben auch im Nachhinein im Dunkeln. Adolf Melber, der zahlreiche Ehrenämter innehatte, wurde mit der Ehrenplakette der Stadt Frankfurt und mit dem Bundesverdienstkreuz 1. Klasse nachträglich rehabilitiert. Zudem war er kurze Zeit nach seiner zwangsweisen Entlassung wieder als Generalbevollmächtigter bei Georg Hauck & Sohn beschäftigt und blieb auch nach seinem Ausscheiden aus der Bank 1962 weiter Komplementär bei J. Ph. Kessler.

Alexander Hauck, der noch während des Krieges schwer an Krebs erkrankte, musste 1945 die Geschäfte wieder allein führen. Zudem stand er vor den Trümmern seines vollkommen zerstörten Bankhauses in der Neuen Mainzer Straße 30. Ohne die wirtschaftliche Hilfe seiner Mutter Anne Marie Hauck, die Unterstützung in der Geschäftsleitung durch August Oswalt sowie die zahlreichen zupackenden Hände der Mitarbeiter, die Krieg und Naziherrschaft überlebt hatten, wäre der Wiederaufbau aus dem Nichts kaum zu bewerkstelligen gewesen. Unterstützend sprang auch die Frankfurter Hypothekenbank ein, die dem Bankhaus Georg Hauck & Sohn erste provisorische Geschäftsräume in der Gallusanlage 8 zur Verfügung stellte.

Alexander Hauck starb am 1. September 1946. Nach seinem Tod führten August Oswalt und Kurt Heide die Bank, bis mit Michael Hauck wieder ein Nachfahre aus der Gründerfamilie herangewachsen war, der die Geschäfte übernehmen konnte.

ZEIT DES NATIONALSOZIALISMUS

Die traurige Bilanz des Zweiten Weltkrieges: Rund 5.000 Einwohner starben bei Bombenangriffen, die Hälfte der Wohngebäude war zerstört, in der gotischen Altstadt stand nur noch eine Handvoll der Gebäude. Frankfurt, Blick auf Altstadt und Kaiserdom, 1945.

KAPITEL 4

H. AUFHÄUSER

Die Münchener Bankiersfamilie Aufhäuser war jüdischer Abstammung. In der Pogromnacht 1938 wurden ihre Geschäfts- und Wohnräume verwüstet, wenig später musste das unter eine „arische" Leitung gestellte Bankhaus in „Seiler & Co." umfirmieren. Die ehemaligen Inhaber konnten sich mittellos ins Ausland retten.

Nach der Machtergreifung Hitlers entwickelte sich München rasch zum Zentrum polizeilicher und antisemitischer Gewalt. Deutlich wird dies auch an den handelnden Personen: Heinrich Himmler, Reichsführer der SS seit 1929, wurde zum Polizeipräsidenten seiner Geburtsstadt bestellt. Und im Windschatten Himmlers installierte man Reinhard Heydrich, Leiter des Sicherheitsdienstes SS, im politischen Referat der Münchener Kriminalpolizei. Beide erlangten in den folgenden Jahren als Protagonisten der Judenverfolgung traurige Berühmtheit. Nicht zufällig errichteten die Machthaber schon im März 1933 in Dachau bei München das erste Konzentrationslager.

Nach dem sogenannten „Judenboykott" am 1. April 1933 ergriff der Münchener Oberbürgermeister Karl Fiehler verschiedene legale und illegale Maßnahmen, um jüdische Unternehmer vom Wirtschaftsleben auszuschließen. 1935 versuchte er zum ersten Mal, in München ansässige „nicht arische" Banken in ihrer Geschäftstätigkeit zu behindern. Diverse Reichsstellen blockierten diese Vorstöße jedoch zunächst, weil sie befürchteten, dass dies eine Störung des Wirtschaftssystems zur Folge haben würde.

Anfang 1937 sah Fiehler die Zeit für einen zweiten Vorstoß gekommen: Er stellte eine offizielle Anfrage beim Stab des Führers, unter welchen Umständen er die Geschäftsbeziehungen der Stadt zum Bankhaus H. Aufhäuser sowie zur „jüdisch beeinflussten" Bayerischen Vereinsbank abbrechen dürfe.

ZEIT DES NATIONALSOZIALISMUS

Auf dem traditionellen Faschingsball des Bankhauses H. Aufhäuser im Münchner Hotel Union Ende der 20er-Jahre. Stehend von links: Personalchef Karl Ritter von Halt, Privatsekretärin Wally Gartenheim, Bankkundin Olga Bauer, Auguste Aufhäuser; sitzend von links: Gretel von Halt, Martin Aufhäuser, Robert Aufhäuser; im Vordergrund: Effektenberater Lolo Grünzweig.

Die Stadt München machte vielfältige Geschäfte mit H. Aufhäuser, das damals zu den zehn größten privaten Banken in Deutschland zählte: Bei den inländischen Schuldverschreibungen Ende der 1920er-Jahre war H. Aufhäuser als Zahlstelle angegeben; insbesondere der Schuldendienst der Pfundanleihe von 1928 sowie der beiden Kredite aus London liefen über das Bankhaus. Die Auslandsschulden fielen unter das Kreditabkommen über deutsche öffentliche Schuldner und waren damit Bestandteil einer vertraglichen Vereinbarung mit den britischen Gläubigern, deren Kreditlinien das Deutsche Reich weiterhin benötigte. Entscheidend dabei war, dass die Bindungen zwischen den deutschen und den englischen Banken auf den guten persönlichen Beziehungen der Bankiers beruhten. Sollten Martin und Siegfried Aufhäuser die

KAPITEL 4

Die Nacht vom 9. auf 10. November wurde im Täterjargon verharmlosend „Reichskristallnacht" genannt. Tatsächlich gingen nicht nur Schaufenster jüdischer Einrichtungen zu Bruch und die Synagogen in Flammen auf – das Ziel war physische Gewalt gegen Menschen. Im Nachhinein betrachtet, markierten die Ereignisse den Übergang von der Diskriminierung der jüdischen Bevölkerung zu ihrer systematischen Verfolgung. Synagoge Ohel Jakob in der Herzog-Rudolf-Straße in München am Morgen des 10. November 1938.

Bank verlassen müssten, würden die Londoner Partner sich nicht mehr an die Kreditabkommen gebunden fühlen und die Gelder womöglich abziehen.

Um dies zu vermeiden, schaltete sich das Reichswirtschaftsministerium ein und machte darauf aufmerksam, dass die vertraglichen Vereinbarungen mit jüdischen Bankhäusern eingehalten werden müssten, um den Anlegern Rechtssicherheit für künftige Emissionen zu gewährleisten. Damit war auch der zweite Angriff Fiehlers auf das Bankhaus H. Aufhäuser ins Leere gelaufen.

Kaum war diese Angelegenheit für H. Aufhäuser überstanden – wobei unklar ist, inwieweit die Inhaber von dem Vorgang Kenntnis hatten –, startete das „Ministerium für Volksaufklärung und Propaganda" von Josef Goebbels einen Angriff auf alle jüdischen Bankiers im Land. Erneut wurde das Reichswirtschaftsministerium eingeschaltet. Das Propagandaministerium übersandte diesem eine Liste der 32 Banken, die für Auslandsinstitute Reiseverkehrssonderkonten führen durften. Dazu gehörten auch acht jüdische Privatbanken: Gebr. Arnhold, H. Aufhäuser, S. Bleichröder, J. Dreyfus & Co., Simon Hirschland, Anton Kohn, Mendelssohn & Co. sowie M. M. Warburg & Co.

Gegenüber dem Propagandaministerium machte das Reichsbankdirektorium klar, dass in keiner Weise gegen die bestehenden Verhältnisse eingeschritten werden sollte; man fürchtete einen abrupten Abzug ausländischer Kredite mit den entsprechenden negativen Auswirkungen auf die gesamtwirtschaftliche Situation. Was den jüdischen Banken ein Fortbestehen auch nach vier Jahren nationalsozialistischer Herrschaft sicherte, waren also in erster Linie ihre guten Auslandsbeziehungen. Die Angelegenheit wurde dann vom Propagandaministerium nicht weiterverfolgt. Sie zeigte aber, dass lokale und nationale Kräfte nicht davon abließen, die jüdischen Banken aus dem Wirtschaftsleben zu beseitigen.

KAPITEL 4

> **BANKHAUS**
> # SEILER & CO.
> **MÜNCHEN**
>
> Löwengrube 18–20 / Telefon 12851
>
> teilt ergebenst mit, daß es die Geschäfte des Bankhauses
>
> ## H. Aufhäuser, München
>
> übernommen hat. Es stellt seine Dienste für die Erledigung aller bankmäßigen Geschäfte zur Verfügung.

Nach der Pogromnacht kam das Ende für das jüdische Bankhaus H. Aufhäuser. Gemäß „Arisierungsvertrag" vom 14. November 1938 wurde Friedrich Wilhelm Seiler alleiniger Komplementär, und H. Aufhäuser firmierte in Seiler & Co. um. Am 23. November war diese Annonce in der Münchner Presse zu lesen.

Martin Aufhäuser setzte alle ihm zur Verfügung stehenden Mittel ein, um seine Bank zu retten. Teilweise waren seine Bemühungen auch erfolgreich: So konnte er 1936 erreichen, dass das Reichswirtschaftsministerium feststellte, „eine unterschiedliche Behandlung nichtjüdischer und jüdischer Firmen angesichts der Wirtschaftslage" sei zu unterlassen; dies gelte auch für das Bankgewerbe. Die offizielle Stellungnahme musste Martin Aufhäuser in seinem Glauben bestätigen, dass er und seine Bank einen Platz im nationalsozialistischen Wirtschaftssystem haben würden. Sie sollte sich jedoch später als völlig wertlos herausstellen.

Denn alleiniges Ziel der Reichsstellen war es, das Ausland zu beruhigen und zudem das Potenzial der jüdischen Banken für den forcierten Ausbau der deutschen Industrie auszubeuten. Dies zeigt sich beispielsweise darin, dass H. Aufhäuser mit ausdrücklicher Billigung von Hermann Göring an der Gründung der Süddeutschen Holzverzuckerungs-Gesellschaft AG beteiligt wurde. Auch die weiterhin bestehende Mitgliedschaft des Bankhauses im Reichsanleihekonsortium mit einer Quote von 0,5 Prozent ist vor diesem Hintergrund zu sehen.

Im Mai 1937 unternahm Martin Aufhäuser einen weiteren Versuch, seine Bank zu retten. Laut Nürnberger Rassengesetzen konnten Juden einen Ausnahmeantrag auf Verleihung der Reichsbürgerschaft mit den vollen staatsbürgerlichen Rechten stellen. Dies tat Martin Aufhäuser. Doch da ein solcher Antrag der ausdrücklichen Zustimmung Hitlers bedurfte, war er praktisch chancenlos. Zudem begann die Solidarität unter den Privatbankiers zu bröckeln: Um Stellungnahme zum Antrag von Martin Aufhäuser gebeten, ließ sich August von Finck vom Bankhaus Merck, Finck & Co. in seiner Funktion als Landesobmann der Reichsgruppe Banken für den Wirtschaftsbezirk Bayern zu der Bemerkung hinreißen, dass die „Entfernung von Juden im durch das jüdische Element durchsetzten Bankengewerbe" nicht durch die Bewilligung von Ausnahmeanträgen aufgehalten werden dürfe, sondern „mit allen Mitteln gefördert werden" müsse. Der Fachgruppenleiter Kurt Freiherr von Schröder sekundierte, indem er mitteilte, dass derartige Gesuche von Juden von vornherein abzulehnen seien. Damit war der letzte verzweifelte Versuch Martin Aufhäusers, sich seine Existenz als jüdischer Bankier im nationalsozialistischen Deutschland zu bewahren, gescheitert.

KAPITEL 4

Im Frühsommer 1938 begannen die Partner von H. Aufhäuser, eine Überführung der Bank in „arische" Hände in die Wege zu leiten. Martin Aufhäuser plante eine Umwandlung der Bank in eine Kommanditgesellschaft, bei der die Familie Aufhäuser eine Minderheitsbeteiligung von 25 Prozent behalten sollte. Als einer von möglichst zwei Komplementären wurde Josef Bayer ausgewählt; seit 1936 war er Generalbevollmächtigter der Bank. Martin Aufhäuser bot Friedrich Wilhelm Seiler vom Hamburger Bankhaus Carlo Z. Thomsen die Position des zweiten Komplementärs an. Freunde und Geschäftspartner sollten Kommanditisten der Bank werden.

Um die Verhandlungen über die „Arisierung" voranzutreiben, beschritt Martin Aufhäuser zwei Wege. Zum einen engagierte er den bekannten Berliner Anwalt Bodo Beneke; er sollte die Bank bei den notwendigen Verhandlungen mit den Genehmigungs- und Gutachterinstanzen in München und Berlin vertreten. Parallel dazu nutzte der Seniorchef der Bank seine eigenen Kontakte. Über einen Mittelsmann nahm er Kontakt zum Industriellen und Generalreferenten im Reichswirtschaftsministerium Herbert Göring auf – er war ein Cousin von Hermann Göring. Martin Aufhäuser bat ihn, seine Beziehungen für das geplante Arisierungsvorhaben einzusetzen.

Und tatsächlich: Im September 1938 stimmten die Behörden den Arisierungsvorschlägen inklusive der Kapitalbeteiligung der Aufhäusers und der Komplementäre Bayer und Seiler zu. Dass damit der Charakter einer Privatbank erhalten bleiben sollte, fand sogar die besondere Billigung der Behörden. Die Bindung zum jüdischen Bankhaus S. Bleichröder wurde indes gelöst.

Die Suche nach geeigneten Kommanditisten gestaltete sich jedoch schwierig. Zunächst konnten nur die Vermögensverwalter des Herzogs Ernst August von Braunschweig und Lüneburg sowie das Chemieunternehmen Bleicherdefabriken AG (ab 1941 Süd-Chemie) für eine Beteiligung gewonnen werden. Über Seiler kamen Lilly Strohmeyer (geb. Michel-Raulino) sowie der Flugzeugkonstrukteur Willy Messerschmitt hinzu.

ZEIT DES NATIONALSOZIALISMUS

Am 7. November 1938 lag ein von allen Beteiligten gebilligter Gesellschaftervertrag vor, der nur noch die Zustimmung der Behörden benötigte – doch die sogenannte „Reichskristallnacht" vom 9. auf den 10. November machte alles zunichte.

Die nationalsozialistische Führung nutzte ein Attentat auf einen Angehörigen der Deutschen Botschaft in Paris, um organisierte Gewaltakte gegen jüdische Bürger und Einrichtungen im ganzen Reich anzuzetteln. Bei den Ausschreitungen in der Nacht vom 9. auf den 10. November 1938 wurden die Geschäftsräume und das Wohnhaus der Bankiersfamilie Aufhäuser völlig verwüstet. Zwei Kommissare der „Deutschen Arbeitsfront" übernahmen mit Unterstützung von SA-Leuten die Kontrolle in der Bank. Martin Aufhäuser wurde zusammen mit weiteren 900 Angehörigen der jüdischen Gemeinde Münchens in das Konzentrationslager Dachau verschleppt – das sein ehemaliger Personalchef Karl Ritter von Halt ein Jahr zuvor mit dem „Freundeskreis Himmler" besucht hatte. Der persönlich haftende Gesellschafter Emil Kraemer und seine Frau kamen unter nicht geklärten Umständen ums Leben. Nur Siegfried Aufhäuser blieb als englischer Staatsbürger und schwedischer Generalkonsul von den Verfolgungen verschont.

Doch fortan standen die „Arisierungsverhandlungen" unter anderen Vorzeichen: Nicht mehr die Geschäftsleitung der Bank, sondern die Gestapo gab den Ton an, Martin Aufhäuser führte man unter Bewachung aus dem Konzentrationslager zur Vertragsunterzeichnung vor. Alleiniger Komplementär wurde gemäß „Arisierungsvertrag" vom 14. November 1938 Friedrich Wilhelm Seiler. Josef Bayer sollte aufgrund seiner Ehe mit einer Jüdin aus der Bank ausscheiden; da er das Bankhaus jedoch wie kein anderer kannte und Seiler nur sporadisch in München sein würde, blieb Bayer weiterhin Generalbevollmächtigter. Die zehn jüdischen Mitarbeiter des Hauses mussten entlassen werden, die Familie Aufhäuser schied aus der Bank aus. Martin Aufhäuser wurde nicht nur eine Beteiligung an seiner Bank verwehrt, er musste sogar die Haftung für Bürgschaften in erheblichem Umfang und uneinbringliche Forderungen übernehmen. Von seinem Kapitalkonto mit einem Vermögen von 2,3 Millionen Reichsmark blieb ihm nach Abgaben, Zwangsdarlehen und Bürgschaften fast nichts übrig.

Mittellos verließen Martin und Auguste Aufhäuser im März 1939 Deutschland in Richtung London, wohin zuvor schon der jüngere Sohn Robert und seine Schwester Dora ausgewandert waren. Der älteste Sohn Walter war Anfang 1937 nach Kanada übergesiedelt. Im Frühsommer 1939 emigrierte Martin Aufhäuser in die Niederlande – wo er nach dem Einmarsch der Deutschen im Mai 1940 wieder mit den nationalsozialistischen Machthabern konfrontiert wurde. Fast zwei Jahre dauerte es, bis Martin und Auguste Aufhäuser in die USA ausreisen durften; Siegfried Aufhäuser war nach einem Zwischenstopp in London schließlich in New York sesshaft geworden.

Dass die Ausreise überhaupt gelang, war Martin Aufhäusers umfangreicher Gemäldesammlung zu verdanken. Einige seiner über 100 wertvollen Kunstwerke konnte er mit nach London nehmen. Hermann Göring als „großer Kunstsammler" zeigte sich interessiert, und so kam man ins Geschäft: Gemälde gegen Auswanderung. In den USA starb Martin Aufhäuser 1944 im Alter von 69 Jahren – wie es wohl zu Recht heißt – „als gebrochener Mann".

Nach vollzogener „Arisierung" und dank der neuen Partner mit ihren weitläufigen Geschäftsbeziehungen – 1939 kam Dr. Otto Schniewind als Komplementär hinzu – konnte die nun in „Seiler & Co." umfirmierte Bank schnell wieder Fuß fassen. Auch die neue Geschäftsleitung fühlte sich Bayern und speziell dem Standort München verpflichtet. Kredit-, Kontokorrent- und Effektengeschäft waren weiterhin die Hauptertragsquellen der Bank, daneben wollte man das „Geschäft auf dem industriellen Sektor" weiterentwickeln. Und dies gelang: Seiler & Co. unterhielt Geschäftsbeziehungen unter anderem zur Messerschmitt AG, zur Firma Thomsen & Co. (Wasser- und Luftfahrtindustrie) und zu Uher & Co. (Apparatebau). Bis weit in die Nachkriegszeit reichten die Beteiligungen an der Süd-Chemie, an der Telefonbau und Normalzeit

ZEIT DES NATIONALSOZIALISMUS

Lehner & Co. (Telenorma) und an der traditionsreichen Schwabinger Kunstmühle Tivoli. Komplett in Bankbesitz befand sich die Josef Gautsch AG, ein bis in das Jahr 1589 zurückreichendes Unternehmen der Wachswarenbranche. Ferner gelang es zusammen mit der L. Possel GmbH und der Süd-Chemie AG, 78 Prozent des Aktienkapitals der größten Kupferhütte Europas, der „Hüttenwerke Kayser AG", zu erwerben.

Die Messerschmitt Flugzeugbau GmbH konstruierte schon in den 1920er-Jahren Verkehrsflugzeuge für den Liniendienst. Der abgebildete Typ M 18 wurde unter anderem von der Nordbayrischen Verkehrsflug AG eingesetzt.

Aus Rüstungsgeschäften hielt sich die Bank auf Drängen von Josef Bayer und Otto Schniewind weitestgehend heraus; eine Ausnahme bildete die Messerschmitt AG und mit ihr in Beziehung stehende Unternehmen. Denn dieser Kontakt ging auf den neuen Inhaber Friedrich W. Seiler zurück. Seiler wurde auch Aufsichtsratsvorsitzender der Messerschmitt AG und versuchte, Seiler & Co. zur Hausbank des Flugzeugbauers zu machen, was Bayer und Schniewind verhinderten.

Mit Beginn des Krieges trat die Bank aus dem Reichsanleihekonsortium aus und war seitdem auch von der Teilnahme an Reichsbankausschüssen ausgeschlossen. Seiler & Co. wirtschaftete dennoch sehr profitabel, stieg zur fünftgrößten Privatbank im Reich auf und konnte bis einschließlich 1944 solide Gewinne ausweisen. Doch an

KAPITEL 4

ein geordnetes Arbeiten war vor allem in den letzten Kriegsjahren kaum zu denken: Dreizehnmal erlitt die Bank Bombentreffer, der Angriff in der Nacht vom 24. auf den 25. April 1944 zerstörte das Gebäude in der Löwengrube fast vollständig.

Nach Kriegsende im Mai 1945 galt es einerseits, Bankgebäude und damit das Bankgeschäft mühevoll wieder aufzubauen, anderseits musste das an der Gründerfamilie Aufhäuser begangene Unrecht wiedergutgemacht werden – jedenfalls soweit dies wirtschaftlich möglich war. Das eine gelang dank der tatkräftigen Hilfe der Mitarbeiter, die teilweise noch während des Krieges Handwerkskurse belegt hatten, um die Bombenschäden beheben zu können. Die Wiedergutmachung an der Familie Aufhäuser lag hauptsächlich in der Hand von Josef Bayer, der von der US-Militärbehörde als Treuhänder eingesetzt wurde. Friedrich W. Seiler war von derselben Behörde entlassen worden, obgleich man ihm keine verwerflichen Taten vorhalten konnte. Dr. Otto Schniewind schied ebenfalls aus der Bank aus.

Josef Bayers Aufgabe war alles andere als einfach, denn er musste einen Spagat zwischen den berechtigten Ansprüchen der Familie Aufhäuser auf Wiedergutmachung und dem wirtschaftlichen Fortbestand der Bank leisten. Mit den Erben der Aufhäusers – Siegfried war 1949 gestorben – wurde Ende 1953 eine einvernehmliche Regelung gefunden. Der Abschluss des Restitutionsverfahrens war deshalb so wichtig, weil erst dadurch die von der amerikanischen Militärregierung verhängte Vermögenskontrolle beendet werden und die Bank nun am Wirtschaftsaufschwung im Nachkriegsdeutschland teilhaben konnte.

ZEIT DES NATIONALSOZIALISMUS

Nach 1945 lagen die Firmensitze in der Löwengrube (München) und in der Neuen Mainzer Straße (Frankfurt) in Trümmern. Bevor es mit den Geschäften weitergehen konnte, mussten die Gebäude wieder aufgebaut werden. Die Mitarbeiter gingen selbst ans Werk, sie räumten Trümmer, Schutt und Asche beiseite. In Frankfurt veräußerte Anne Marie Hauck ihren Familienschmuck und kaufte vom Erlös Eisenträger und anderes Baumaterial. Das Bild zeigt „Trümmerarbeiter" Walter Hahn (vierter von rechts) und seinen Münchener Bautrupp im Jahr 1945.

KAPITEL 4

Widerstand

ALEXANDER HAUCK, OTTO SCHNIEWIND UND SIEGFRIED AUFHÄUSER

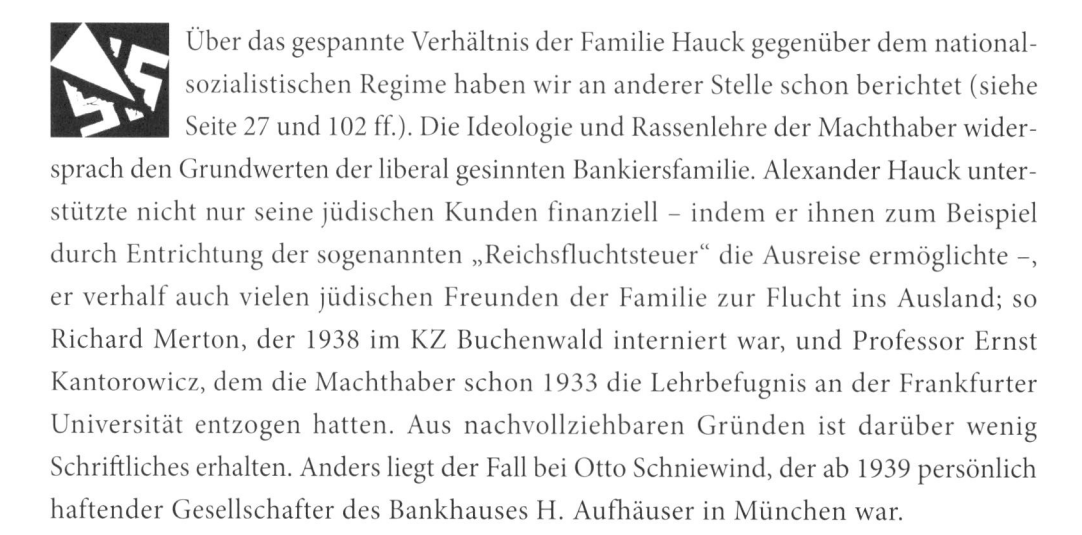

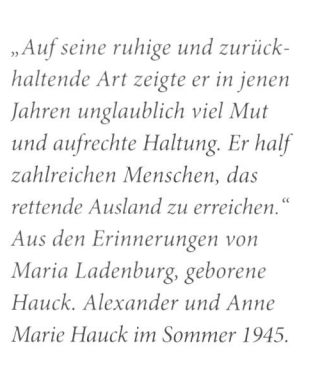

Über das gespannte Verhältnis der Familie Hauck gegenüber dem nationalsozialistischen Regime haben wir an anderer Stelle schon berichtet (siehe Seite 27 und 102 ff.). Die Ideologie und Rassenlehre der Machthaber widersprach den Grundwerten der liberal gesinnten Bankiersfamilie. Alexander Hauck unterstützte nicht nur seine jüdischen Kunden finanziell – indem er ihnen zum Beispiel durch Entrichtung der sogenannten „Reichsfluchtsteuer" die Ausreise ermöglichte –, er verhalf auch vielen jüdischen Freunden der Familie zur Flucht ins Ausland; so Richard Merton, der 1938 im KZ Buchenwald interniert war, und Professor Ernst Kantorowicz, dem die Machthaber schon 1933 die Lehrbefugnis an der Frankfurter Universität entzogen hatten. Aus nachvollziehbaren Gründen ist darüber wenig Schriftliches erhalten. Anders liegt der Fall bei Otto Schniewind, der ab 1939 persönlich haftender Gesellschafter des Bankhauses H. Aufhäuser in München war.

„Auf seine ruhige und zurückhaltende Art zeigte er in jenen Jahren unglaublich viel Mut und aufrechte Haltung. Er half zahlreichen Menschen, das rettende Ausland zu erreichen." Aus den Erinnerungen von Maria Ladenburg, geborene Hauck. Alexander und Anne Marie Hauck im Sommer 1945.

Schniewind war promovierter Jurist und nach seiner Tätigkeit im Reichsschatzamt und bei der Disconto-Gesellschaft 1925 wieder in den Staatsdienst getreten. Von den Nationalsozialisten wurde er zum Staats- und Reichskommissar an der Berliner Börse ernannt und wechselte 1935 in das Reichswirtschaftsministerium. Hjalmar Schacht, der das Reichswirtschaftsministerium und die Reichsbank in Personalunion führte, empfahl Schniewind 1937 für einen Posten im Reichsbankdirektorium. Als Direktoriumsmitglied begutachtete Schniewind unter anderem auch die „Arisierung" des Bankhauses H. Aufhäuser. Zudem war er mit Siegfried Aufhäuser befreundet, der ihm kurz vor seiner Flucht aus Deutschland das Amt des schwedischen Generalkonsuls übertrug.

1938 beendete Schniewind seine Tätigkeit bei der Reichsbank, da er die weitere Mitarbeit an der Rüstungsfinanzierung ablehnte. Nach dem Ausbruch des Krieges wandte er sich vom Naziregime ab und schloss sich dem Widerstandskreis um den ehemaligen Leipziger Bürgermeister Carl Goerdeler an. In einem Schattenkabinett Goerdelers sollte er zuerst Finanz-, später Wirtschaftsminister werden. Darüber hinaus diente er als wichtiger Verbindungsmann zu bayerischen Widerstandsgruppen. Wie Goerdeler, der später zum Tode verurteilt wurde, verhaftete die Gestapo Schniewind nach dem Attentat auf Hitler am 20. Juli 1944. Über sieben Monate musste Schniewind in KZ-Haft verbringen, bevor er im März 1945 freikam – ein Umstand, der nur seiner Tätigkeit als schwedischer Generalkonsul und der darauf basierenden Intervention der schwedischen Regierung zu verdanken war.

Auch Josef Bayer wurde im Zuge der Verhaftungswelle nach dem Juliattentat festgenommen – seine Rolle im Widerstand bleibt bisher aber im Dunkeln. Möglicherweise beruhte die Verhaftung auf den Vorgängen während der „Arisierung" des Bankhauses H. Aufhäuser.

KAPITEL 4

Siegfried Aufhäuser leistete bis zu seiner Auswanderung auch seinen Beitrag im Widerstand. Als englischer Staatsbürger und Konsul konnte er ohne Schwierigkeiten Kontakte zu Botschaften knüpfen. Und diese wusste er geschickt einzusetzen. Einer seiner Bekannten war Frank Foley, ein Mitarbeiter des britischen Auslandsgeheimdienstes (Secret Service/MI6). Von seiner Stelle in der Botschaft in Berlin sorgte Foley dafür, dass Visumvorschriften sehr großzügig ausgelegt wurden, er fälschte Pässe, holte Juden direkt aus den Konzentrationslagern und versteckte sie in seiner eigenen Wohnung. Dank seiner Hilfe gelang vielen Juden die Flucht aus Deutschland. Damit ging er ein großes Risiko ein, denn er genoss keine diplomatische Immunität.

Am Ende dieser Kette kam Siegfried Aufhäuser ins Spiel: Aufgrund der sogenannten „Reichsfluchtsteuer", die einer Enteignung gleichkam, und weiterer Abgaben verfügten die Auswanderer meist über keine oder nur noch spärliche finanzielle Mittel. Siegfried Aufhäuser beschaffte ihnen – auf welche Art, bleibt sein Geheimnis – das Startkapital, das für einen Neuanfang im Ausland notwendig war.

Frank Foleys Geschichte blieb lange Zeit weitgehend unbekannt, und auch die Rolle Siegfried Aufhäusers ist noch kaum erforscht. 1999 – über 40 Jahre nach seinem Tod – erhielt Foley, der gelegentlich auch „Britain's Schindler" genannt wurde, den Titel „Gerechter unter den Völkern" und eine Tafel in der israelischen Holocaust-Gedenkstätte Yad Vashem.

WIDERSTAND

Dr. Otto Schniewind war von 1939 bis 1945 persönlich haftender Gesellschafter beim Bankhaus Seiler & Co. in München. Zunächst hoher Beamter in der Reichsbank, schloss sich Schniewind während des Krieges der Widerstandsbewegung um den damaligen Leipziger Bürgermeister Carl Goerdeler an. Nach Kriegsende leitete er mit Hermann Josef Abs die 1948 ins Leben gerufene Kreditanstalt für Wiederaufbau, heute KfW Bankengruppe.

KAPITEL 4

Die Familie Bayer

80 JAHRE VERANTWORTUNG FÜR DAS BANKHAUS H. AUFHÄUSER

Als 24-Jähriger war Josef Bayer 1921 zu H. Aufhäuser gekommen, 1936 erhielt er Generalvollmacht. Im ersten „Arisierungsvertrag" vom 7. November 1938 war er dazu bestimmt worden, als persönlich haftender Gesellschafter die Interessen der Familie Aufhäuser wahrzunehmen. Dies scheiterte jedoch daran, dass Josef Bayer mit einer jüdischen Frau verheiratet war. Nach der Pogromnacht bestand eine der ersten Handlungen der Kommissare der Deutschen Arbeitsfront darin, Josef Bayer zu suspendieren. Die sich nun sehr stark einmischenden örtlichen Parteigänger um den NSDAP-Wirtschaftsbeauftragten Christian Weber und den Bankier Georg Eidenschinck als Vertreter der Münchener IHK wollten Bayer zudem die Generalvollmacht entziehen.

Die Einsicht in die Realität des Faktischen führte schließlich dazu, dass Bayer Generalbevollmächtigter blieb, wenn auch zunächst auf Widerruf. Denn nach der zwangsweisen Entfernung der Inhaberfamilie war Bayer der Einzige, der über die Geschäfte und Abläufe in der Bank hinreichend Bescheid wusste. Zudem war der neue „arische" Inhaber Friedrich W. Seiler in Hamburg stark engagiert und kam nur sporadisch nach München.

Wenn auch nicht offiziell, so hatte Josef Bayer doch de facto die Rolle eines persönlich haftenden Gesellschafters inne. Ihm war es gemeinsam mit Dr. Otto Schniewind, ebenfalls persönlich haftender Gesellschafter von H. Aufhäuser, auch zu verdanken, dass sich die Bank weitestgehend von Rüstungsgeschäften und Reichsanleihen fernhielt. Nach dem Attentat auf Adolf Hitler im Juli 1944 wurde Josef Bayer ohne Angabe von Gründen verhaftet und musste zwei Monate in Lagerhaft verbringen.

DIE FAMILIE BAYER

Als Generalbevollmächtigter und später persönlich haftender Gesellschafter hatte Josef Bayer von 1936 bis 1965 eine Schlüsselrolle bei H. Aufhäuser. Während des Krieges führte er mit Dr. Otto Schniewind die Geschäfte, danach setzte ihn die US-Militärbehörde als Treuhänder des unter Vermögenskontrolle gestellten Bankhauses ein, in den 50er-Jahren schließlich leitete er die Wiedergutmachungsverhandlungen mit der Familie Aufhäuser. Josef Bayer um 1960.

KAPITEL 4

Die charakterstarke Rolle Bayers während der nationalsozialistischen Diktatur sowie seine enge Verbindung zur Aufhäuser-Familie in Großbritannien und in den USA führten dazu, dass die US-amerikanische Militärregierung ihn 1945 als Treuhänder des unter Vermögenskontrolle gestellten Bankhauses einsetzte. Später leitete er die sensiblen Wiedergutmachungsverhandlungen mit der Familie Aufhäuser und brachte sie 1953 zu einem einvernehmlichen Abschluss.

Obschon Wiederaufbau und Erhalt des Bankhauses bereits mehr als genug Einsatz und Verantwortung erforderten, übernahm Josef Bayer nach dem Krieg zusätzlich das Amt des Präsidenten der Münchener Börse. Unter seiner Führung war diese dann auch die erste Börse in Deutschland, die den amtlichen Handel wieder aufnahm. Josef Bayers Sohn Rudolf sollte ihm später folgen und dieses Amt für annähernd 20 Jahre innehaben.

Am 6. Dezember 1965 starb Josef Bayer überraschend. Der Generationswechsel aber hatte schon 1960 stattgefunden. Auch als persönlich haftender Gesellschafter bei H. Aufhäuser folgte ihm sein Sohn Rudolf und behielt diese Stellung bis zu seiner Pensionierung im Jahr 1991. Insgesamt 80 Jahre lang waren Mitglieder der Familie Bayer damit in verantwortungsvoller Position für das Bankhaus H. Aufhäuser tätig.

DIE FAMILIE BAYER

Rudolf Bayer, der Sohn des Komplementärs Josef Bayer, trat 1960 in die Geschäftsleitung von H. Aufhäuser ein. Seine Ausbildung hatte er im eigenen Bankhaus absolviert. Seinem Vater folgte er auch als Präsident der Münchener Börse; das Amt hatte er von 1972 bis zu seiner Pensionierung bei H. Aufhäuser 1991 inne. Rudolf Bayer um 1980.

KAPITEL 5

Tradition und Innovation

Die Bankiersfamilien Hauck und Aufhäuser waren konservative Kaufleute: Was sie einmal als richtig erkannten, behielten sie bei. Im harten Wettbewerb der Finanzbranche konnten die von ihnen gegründeten Bankhäuser bis heute bestehen, weil sie zugleich auch innovativ waren und auf neue Fragen ihrer Kunden und ein sich veränderndes wirtschaftliches Umfeld die richtigen Antworten hatten.

1945 steht als Jahr vor allem für das Ende des Krieges. Die Welt atmete auf, als die Zeit der nationalsozialistischen Herrschaft vorbei war. In Deutschland hatten nun die alliierten Siegermächte – USA, Sowjetunion, Großbritannien und Frankreich – das Sagen. Die Zeit des Wiederaufbaus war von Kontinuitäten und zugleich von Brüchen geprägt.

Während in den westlichen Teilen Deutschlands ein demokratischer Staat entstand, bekam die Bevölkerung im östlichen Teil bald wieder autoritäre Herrschaft zu spüren. Sichtbarstes Zeugnis dafür war eine mittels Mauer und anderer Sperren befestigte Grenze, die Deutschland rund 40 Jahre in Ost und West trennte. Aufgrund des „Kalten Krieges" war auch der europäische Wirtschaftsraum geteilt, ein Handel über die ideologischen Grenzen hinweg blieb über Jahrzehnte schwierig.

Dem Westen brachten die 50er- und 60er-Jahre ein Wachstum mit nie da gewesenen Steigerungsraten. Der Konsum befeuerte die Wirtschaft: Zunächst fuhren die meisten Bundesbürger noch mit Fahrrad, Bus und Bahn, dann konnten sie sich ein Motorrad leisten, später wurde der massenhaft produzierte VW-Käfer zum Symbol des wirtschaftlichen Aufschwungs. 1962 war die Vollbeschäftigung erreicht; dem Arbeitskräftemangel begegnete die bundesdeutsche Regierung durch den staatlich geförderten

Zuzug von Bürgern aus den Ländern des Mittelmeerraums. Der Kapitalbedarf bestehender und neuer Unternehmen führte dazu, dass sich die Börse belebte. Auch die Bürger sollten am Produktivvermögen des Landes beteiligt werden; dazu bot man den Kleinanlegern sogenannte „Volksaktien", etwa der Volkswagen AG und der VEBA AG, an.

Die Deutsche Mark hatte die alte Reichsmark ersetzt; international hielt das System stabiler Währungen („Bretton Woods") jedoch nur bis Anfang der 1970er-Jahre. Der „Ölpreisschock" von 1973 und seine Folgen brachten den Glauben an eine globale Steuerung der Wirtschaft durch den Staat ins Wanken; vielerorts übernahmen die Monetaristen das Ruder. Die Deutsche Bundesbank war die erste Zentralbank, die ab 1974 über die Geldmengensteuerung den Preisanstieg zu regulieren versuchte. Zur selben Zeit erschütterte die Herstatt-Krise die Bankenlandschaft.

Auf diese neuen wirtschaftlichen und politischen Koordinaten reagierten auch die Privatbanken. Georg Hauck & Sohn und H. Aufhäuser taten dies jeder für sich – nicht selten aber mit frappierender Ähnlichkeit.

GEORG HAUCK & SOHN

In den 60er- und 70er-Jahren leistete das Bankhaus Georg Hauck & Sohn Pionierarbeit auf dem Kapitalmarkt- und Wertpapiersektor – besonders beim Investmentsparen und bei der Aktienanalyse.

Neben der Vermögensverwaltung für Privatkunden war Georg Hauck & Sohn weiterhin im Unternehmerkundengeschäft tätig. Bald nach Kriegsende wurde Georg Hauck & Sohn in die Konsortien von BASF, Bayer und Hoechst aufgenommen, jeweils mit einer Quote von 1 Prozent. Auch in den Aufsichtsrat der Metallgesellschaft trat die

In den 60er-Jahren war der deutsche Aktienmarkt noch relativ intransparent, börsennotierte Unternehmen mussten nur wenige Kennzahlen veröffentlichen. Deshalb entwickelte Georg Hauck & Sohn eine Formel, mit der man aus dem Steueraufwand eines Unternehmens auf dessen Gewinn schließen konnte. Ausschnitt aus der sogenannten Hauck'schen Formel.

> Der steuerpflichtige Bruttogewinn (B) abzüglich Lastenausgleich-Vermögensabgabe (L), bezeichnet mit E, ist gleich Dividende (D), offener und sonstiger (stiller) steuerpflichtiger Rücklagenbildung (R), den gewinnabhängigen Steuern (S) sowie einem kleinen Rest von nicht steuerabzugsfähigen Aufwendungen (im wesentlichen Vermögensteuer und Aufsichtsratvergütung), die bei der Ermittlung der Formel keine Bedeutung haben. Sie werden als in R mit-enthalten angesehen. Die Formel lautet demnach:
>
> $$E = D + R + S$$
>
> Die Steuern (S) setzen sich zusammen aus der Steuer auf die Dividende ($\frac{15}{100}$ D) der Steuer auf den nicht ausgeschütteten körperschaftsteuerpflichtigen Gewinn ($\frac{51}{100}$ KG) und der Gewerbeertragsteuer $\left[\frac{13}{100}(E + L)\right]$ (vgl. Fußnote 3).
>
> Die Formel lautet: $S = \frac{15}{100} D + \frac{51}{100} KG + \frac{13}{100}(E + L)$
>
> Der körperschaftsteuerpflichtige Gewinn (KG) besteht aus der Steuer auf die Dividende ($\frac{15}{100}$ D), ²/₃ der LA-VA, der Körperschaftsteuer von 51 % selbst und dem steuerpflichtigen Rest (R), der sich aus offener und stiller Rücklagenbildung und anderen, nicht steuerabzugsfähigen Aufwendungen zusammensetzt.
>
> Die Formel lautet: $KG = \frac{15}{100} D + \frac{51}{100} KG + \frac{2}{3} L + R$
>
> Aus der Zusammenfassung (siehe Fußnote 4) ergibt sich die Endformel:
>
> $$E = 0{,}6275\,D + 1{,}7431\,S - 0{,}7037\,L$$
>
> (Für die Kontrollrechnung siehe Anlage I) (siehe Fußnote 5).

Bank wieder ein, ebenso bei der Verseidag AG und den Michelin-Reifenwerken. In den 80er-Jahren brachte das Bankhaus die Herlitz AG, Wella AG und Jado AG mit an die Börse. Ferner baute die Bank das Geschäft mit institutionellen Kunden aus, beispielsweise mit der Allianz Lebensversicherung AG. Gleichzeitig erschloss sich Georg Hauck & Sohn neue Geschäftsfelder – nicht selten als Vorreiter.

Nach dem Krieg hatte sich die Bundesrepublik Deutschland innerhalb von zwei Jahrzehnten zum zweitgrößten Welthandelsland entwickelt. Auch die traditionelle Messestadt Frankfurt partizipierte an dem Aufschwung. Vom Rhein-Main-Flughafen zum Beispiel versandten schon damals Exporteure ihre Waren in die ganze Welt. Für die Händler bestand dabei immer das Risiko ausbleibender Bezahlung, insbesondere bei der Ausfuhr in Länder mit unsicherer wirtschaftlicher und politischer Lage. Mit der Forfaitierung als Instrument der Außenhandelsfinanzierung fand man eine Lösung für dieses Problem. Als eines von wenigen Bankhäusern bot Georg Hauck & Sohn diese spezielle Finanzierungsform an.

Dabei verkaufte der Exporteur seine Forderung aus dem Warengeschäft an Georg Hauck & Sohn, womit das Risiko auf die Bank überging. Sie konnte nun die Begleichung der Forderung abwarten oder diese weiterveräußern, in jedem Fall ließ sie sich das Risiko entlohnen. Dieses für beide Seiten – den Exporteur und die Bank – vorteilhafte Geschäft betrieb Georg Hauck & Sohn seit den 60er-Jahren und half damit, den Export deutscher Waren in entlegene Gebiete zu fördern. Das Bankhaus bot die Forfaitierung auch für den innerdeutschen Handel (Interzonenhandel) an, was aufgrund der komplizierten rechtlichen und regulatorischen Verhältnisse ebenfalls nur wenige Banken taten.

Schon ab den 50er-Jahren engagierte sich das konservative Bankhaus Georg Hauck & Sohn für eine innovative Idee, die damals geradezu unerhört war, heute jedoch nicht mehr aus dem Produktangebot der Banken und Finanzdienstleister wegzudenken ist: das Investmentsparen. Der Grundgedanke eines Investmentfonds ist rasch erklärt. Während der Anleger beim Kauf einer Aktie seinen finanziellen Einsatz an das wirtschaftliche Schicksal eines einzigen Unternehmens koppelt, vermindert er beim Investmentfonds sein Risiko, indem er seine Anlage auf die Papiere vieler Unternehmen verteilt. Auf diese Weise kann der Anleger mit einem einzigen Investment auch bestimmte Anlageschwerpunkte setzen, je nachdem, ob er beispielsweise in eine ganze Branche oder einen ganzen Index, eine Region oder einen Währungsraum, in verschiedene Anlageklassen (wie Aktien, Renten oder Immobilien) oder in verschiedene Risikoklassen (wie Standard- oder Wachstumswerte) investieren möchte.

KAPITEL 5

In den USA und im angelsächsischen Raum hatte sich schon Anfang des 20. Jahrhunderts eine Investmentindustrie ausgebildet, in Deutschland kam der Durchbruch erst relativ spät. Georg Hauck & Sohn war der Investmentidee gegenüber sehr aufgeschlossen, zumal Strategien der Diversifikation und Risikoaversion traditionell zum Instrumentarium des Privatbankiers zählen. So gehörte das Bankhaus 1956 zum Gründerkonsortium der „Deutschen Gesellschaft für Wertpapiersparen GmbH" – heute besser bekannt unter dem Kürzel DWS. Seit 2004 ist die DWS-Fondsgesellschaft vollständig in Besitz der Deutschen Bank.

1968 war Georg Hauck & Sohn auch an der Gründung der Universal-Investment-Gesellschaft beteiligt. Sie legt seit 1970 unter anderem sogenannte Private-Label-Fonds auf und arbeitet dabei eng mit den Experten des Kerngeschäftsfelds „Unabhängige Vermögensverwalter" von Hauck & Aufhäuser Privatbankiers zusammen (siehe S. 175).

Parallel zum Investmentsparen entwickelte sich die Wertpapieranalyse in Deutschland zu einer eigenständigen Disziplin. Denn wer professionell in Wertpapiere investieren will, braucht möglichst präzise und umfassende Informationen über die wirtschaftliche Lage und die Zukunftsperspektiven börsennotierter Gesellschaften. Es mag etwas mit der mangelnden Aktienkultur in Deutschland zu tun haben – Tatsache war jedenfalls, dass die Wertpapieranalyse in den USA in Wissenschaft und Praxis wesentlich weiter fortgeschritten war als bei uns. Auch auf diesem Gebiet leistete das Bankhaus Georg Hauck & Sohn Pionierarbeit.

Der Wertpapierhandel war eines der Geschäftsfelder, die Georg Hauck & Sohn traditionell mit großer Kompetenz betrieb; entsprechend aktionorientiert waren viele Kundendepots ausgerichtet. Aktien hatten – im Gegensatz zu Staatsanleihen – den Weltkrieg und die Währungsreform relativ gut überstanden; insofern profitierten auch die Kunden von der Ausrichtung des Bankhauses. Dennoch räumte Michael Hauck im

TRADITION UND INNOVATION

Der Wertpapierhandel war eine der Stärken von Georg Hauck & Sohn. Das Foto zeigt die Börsenabteilung des Bankhauses in den 60er-Jahren (von links): Martin Lotz, Abteilungsleiter, und Walter Pleitgen, Börse und Devisenhandel. Neben den direkten Beziehungen zu börsennotierten Unternehmen waren Telefon und Tageszeitung damals die wichtigsten Informationsquellen.

Rückblick ein, dass die Transparenz am Kapitalmarkt in den 60er- und 70er-Jahren sehr zu wünschen übrig ließ – zumal im Vergleich zu heute.

Analysten gab es hier und dort schon, aber sie hatten kaum Zugang zu den Unternehmen. Diese wiederum mussten per Gesetz zwar ihren Steueraufwand veröffentlichen, nicht aber den Gewinn. Meistens wiesen sie „Gewinn gleich Dividende" aus. Die Verantwortlichen bei Georg Hauck & Sohn erkannten das Defizit und kamen auf die Idee, vom Steueraufwand der Unternehmen deren Gewinn hochzurechnen. Michael Hauck und sein Partner Axel Schütz entwickelten ein recht kompliziertes Verfahren, das als „Hauck'sche Formel" in die Geschichte einging – jedoch zunächst für einige Unruhe auf den Vorstandsetagen sorgte.

KAPITEL 5

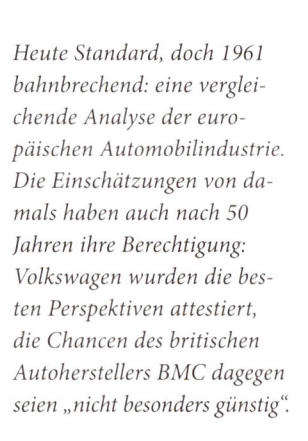

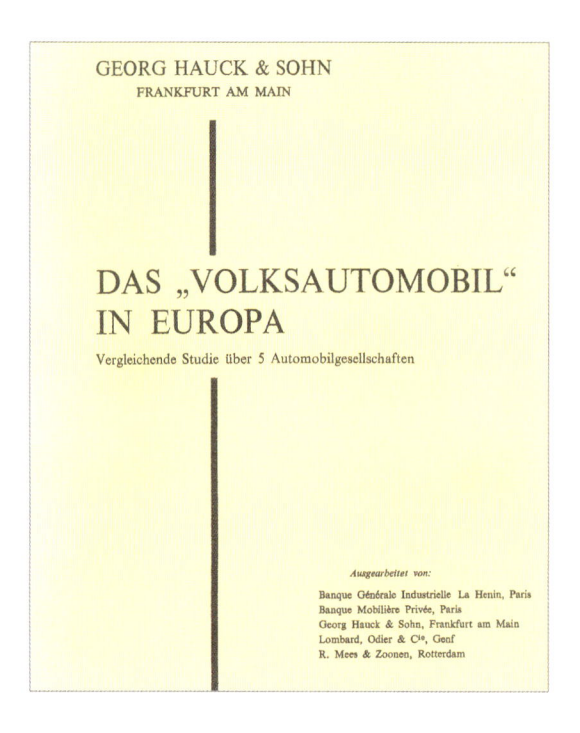

Heute Standard, doch 1961 bahnbrechend: eine vergleichende Analyse der europäischen Automobilindustrie. Die Einschätzungen von damals haben auch nach 50 Jahren ihre Berechtigung: Volkswagen wurden die besten Perspektiven attestiert, die Chancen des britischen Autoherstellers BMC dagegen seien „nicht besonders günstig".

> GEORG HAUCK & SOHN
> FRANKFURT AM MAIN
>
> DAS „VOLKSAUTOMOBIL"
> IN EUROPA
>
> Vergleichende Studie über 5 Automobilgesellschaften
>
> *Ausgearbeitet von:*
> Banque Générale Industrielle La Henin, Paris
> Banque Mobilière Privée, Paris
> Georg Hauck & Sohn, Frankfurt am Main
> Lombard, Odier & Cie, Genf
> R. Mees & Zoonen, Rotterdam

Michael Hauck erinnerte sich: „Das Ergebnis unserer Berechnungen war offenbar so korrekt, dass Unternehmen, die nicht publizieren wollten, gegen diese Formel Sturm liefen. Ein Vorstand von Mannesmann hat sogar gesagt: ‚Wer die Hauck'sche Formel anwendet, wird aus dem Konsortium unserer Bankverbindungen gestrichen.' Wir hatten keine Geschäftsbeziehungen zu Mannesmann – also war es uns völlig gleichgültig."

Heute ist es Standard, dass Analysten in der Lage sind, sich ein unabhängiges Urteil über die Ertragskraft eines Unternehmens zu bilden sowie das Ergebnis und die Dividendenqualität zu ermitteln; damals jedoch steckten diese Verfahren noch in den Kinderschuhen. Michael Hauck hat als Mitbegründer der Deutschen Vereinigung für Finanzanalyse und Asset Management (DVFA) im Jahr 1960 und mit seiner „Hauck'schen Formel" entscheidend dazu beigetragen, dass das Geschehen am

Kapitalmarkt sehr viel transparenter geworden ist. Hauck wurde ein Jahr später zudem in den Vorstand der neu gegründeten „European Federation of Financial Analysts Societies" (EFFAS) berufen.

In diesem Zusammenhang war das Bankhaus Georg Hauck & Sohn 1961 an einer der ersten länderübergreifenden Wertpapierstudien beteiligt; sie trug den Titel „Das Volksautomobil in Europa". Den fünf analysierenden Banken kann man nachträglich ein gutes Zeugnis ausstellen: Die wirtschaftlichen Aussichten des Unternehmens VW – das damals ausschließlich „Volksautomobile" herstellte – wurden als „nach wie vor positiv" beurteilt. Die von BMC aus Großbritannien wurden als „nicht besonders günstig" gewertet – das Unternehmen existiert heute nicht mehr. Als gut, aber nicht unproblematisch stuften die Autoren der Studie die Perspektiven von Citroën, Renault und Fiat ein.

Schon in den 60er-Jahren machte sich Michael Hauck Gedanken über ein Thema, das heute brisanter denn je ist: die Rente. Individuelle und betriebliche Formen der Altersvorsorge wurden von der Politik erst relativ spät auf die Tagesordnung gebracht und fanden in der Riester-Rente ab Anfang des neuen Jahrtausends ihre vermeintliche Lösung. Michael Hauck zweifelte früh daran, dass die Rente sicher sei. Ihm schwebte eine Altersvorsorge durch Pensionskassen bei der Wirtschaft vor. Als Vorbild galten ihm die großen „Pension Funds" in den USA, die er bei seiner Ausbildung in New York kennengelernt hatte. Später verwies er bei einem Vortrag vor dem Frankfurter Rotary Club 1986 noch einmal auf den Zusammenhang zwischen Altersvorsorge und Kapitalmarkt: „Je mehr man Zweifel an der Effizienz der kollektiven Altersvorsorge bekommt, umso mehr muss man sich eine eigene Vorsorge aufbauen, und dies geschieht zum Teil über den Kapitalmarkt."

Auf diesem Gebiet vermochte Michael Hauck sich jedoch nicht durchzusetzen; rückblickend bezeichnete er sein Eintreten für eine kapitalmarktgestützte Rente als „nicht erfolgreich". Die Kardinalfrage für ihn blieb jedoch: Würden künftige Generationen willens sein, die auf sie zukommenden Verpflichtungen zu erfüllen? Dieses Problem ist heute ebenso aktuell wie ungelöst.

H. AUFHÄUSER

Nach dem Wiederaufbau der Bank und dem erfolgreichen Restitutionsverfahren partizipierte auch H. Aufhäuser am steilen Wirtschaftsaufschwung in der Bundesrepublik Deutschland.

Ein verantwortungsvolles Betätigungsfeld des Bankhauses war nach 1949 das Aufarbeiten der nationalsozialistischen Unrechtstaten: Im eigenen Haus verhandelte Josef Bayer mit der in die USA emigrierten Bankiersfamilie Aufhäuser und deren Erben über eine angemessene Entschädigung, doch auch bundesweit spielte die Bank in der Löwengrube auf diesem Feld eine zentrale Rolle. Im August 1949 wurde das „Gesetz zur Wiedergutmachung nationalsozialistischen Unrechts" durch spezielle Landesgesetze, unter anderem in Bayern, in Kraft gesetzt; das erste bundeseinheitliche Entschädigungsgesetz sollte erst 1953 folgen. Die daraus resultierenden Ansprüche und die Verwaltung des an die Berechtigten zurückgefallenen Vermögens lag bei der 1946 gegründeten „Fides Vermögensbetreuungs- und Verwaltungs-GmbH", deren Geschäftsanteile H. Aufhäuser bis 1950 sukzessive übernommen hatte. Somit führte das Bankhaus die Transfers von Entschädigungs- und Wiedergutmachungszahlungen durch, die überwiegend nach Israel gingen. Noch heute ist Hauck & Aufhäuser an dieser unter „FidesTrust Vermögenstreuhand GmbH" firmierenden Gesellschaft wesentlich beteiligt, die nunmehr Treuhandgeschäfte tätigt. H. Aufhäuser war zudem die erste Bankverbindung der im Juli 1945 gegründeten Israelitischen Kultusgemeinde in München und Oberbayern.

Zugleich begann die Geschäftsleitung, die klassischen Bankgeschäfte wiederzubeleben. Dazu zählte zum einen das Privatkundengeschäft, bei dem die Einlagen von 6,2 Millionen Deutsche Mark (1948) auf 85 Millionen Deutsche Mark (1960) gesteigert werden konnten; das Wachstum auf der Debitorenseite verlief ähnlich. Zum anderen konnte H. Aufhäuser auch im Effekten-, Emissions- und Konsortialgeschäft bald an die erfolgreichen „Goldenen Zwanziger" anknüpfen. Schwerpunkte waren hierbei Unternehmen der Chemieindustrie, der Energiewirtschaft und des Verkehrswesens. Direkte unternehmerische Beteiligungen, erst in der „Seiler-Zeit" ab 1939 etwas gezielter eingegangen, gewannen weiter an Gewicht, nicht selten verbunden mit einem Sitz im Aufsichtsrat des betreuten Unternehmens. Gewerbebetrieben und Industrie stellte das Bankhaus zunehmend Finanzierungen zur Verfügung, meist mit kurzen Laufzeiten.

H. Aufhäuser war stets bestrebt, neue Geschäftsfelder zu erschließen, auch wenn es bedeutete, dafür eigens eine Gesellschaft zu gründen. So taten sich 1949 vier bayerische Banken zusammen und etablierten die erste deutsche Kapitalanlagegesellschaft, die „Allgemeine Deutsche Investmentgesellschaft mbH" (ADIG). Zu den beteiligten Instituten zählte neben der Bayerischen Hypotheken- und Wechselbank, der Bayerischen Staatsbank und der Jüdischen Wiedergutmachungsbank auch H. Aufhäuser. 1965 wurde mit dem „Aufbaukonto" das Fondssparen ermöglicht, 1994 legte die ADIG den ersten Geldmarktfonds auf. Die ADIG wurde 2002 mit der Cominvest Asset Management GmbH verschmolzen, die 2010 in der Allianz Global Investors Kapitalanlagegesellschaft mbH aufgegangen ist.

Das Bankhaus war auch Gründungsmitglied des ebenfalls 1949 ins Leben gerufenen Bayerischen Kassenvereins. Der neuen Gesellschaft lag die Idee zugrunde, das Wertpapiergeschäft zu rationalisieren. Außer in Bremen gründeten die Marktteilnehmer damals an allen deutschen Börsenplätzen sogenannte Zentralverwahrer. Ihre Aufgabe bestand darin, die Verwahrung, Verwaltung und Übertragung in erster Linie von Aktien, aber auch anderer Wertpapiere an einer Stelle zu konzentrieren. 1989 fusionierten die Kassenvereine und taten sich nach einer weiteren Fusion mit Cedel, der „Centrale de Livraison de Valeurs Mobilières", zu der heute international führenden Abwicklungsorganisation Clearstream International mit Sitz in Luxemburg zusammen.

In den 60er-Jahren intensivierte H. Aufhäuser sein Geschäft mit Nordamerika und nahm die Vermittlung kanadischer und US-amerikanischer Immobilien in sein Portefeuille auf. Da auch dieses Tätigkeitsfeld langfristig ausgerichtet war, beteiligte sich das Bankhaus zu diesem Zweck an dem kanadischen Immobilienfinanzierer „The Metropolitan Trust Company" in Toronto; die Gesellschaft gehört heute zur Scotiabank. Mit den befreundeten Privatbanken Trinkaus & Burkhardt sowie Delbrück & Co. legte man später kleinere amerikanische Immobilienfonds auf. In den 80er-Jahren gründete das Bankhaus gemeinsam mit vermögenden Privatinvestoren eine eigene US-Immobiliengesellschaft, die „TMW Real Estate Group". Darüber hinaus platzierte H. Aufhäuser die ersten US-Investmentfonds in Deutschland. Denn wie auch Georg Hauck & Sohn hatte man erkannt, dass Investmentfonds ein effizientes Vermögensmanagement bei begrenztem Risiko erlauben. Zudem verstärkte die Bank das Außenhandelsgeschäft, indem sie – wie Georg Hauck & Sohn – Forfaitierungsfinanzierungen anbot.

Doch nicht alle Weichenstellungen der Geschäftsleitung waren erfolgreich. So hatte H. Aufhäuser in den 70er-Jahren begonnen, in München zahlreiche Filialen zu eröffnen; damit wollte man die vermögende Kundschaft in anderen Stadtteilen erreichen und an das Bankhaus binden. Offenbar war der Filialbetrieb aber zu kostenintensiv und wenig ertragreich. Deshalb entschied die Geschäftsführung Ende der 80er-Jahre, die Zweigstellen wieder zu schließen.

Als Fazit bleibt festzuhalten: Sowohl Georg Hauck & Sohn als auch H. Aufhäuser waren stets darauf bedacht, ihr Geschäftsmodell auf mehrere Beine zu stellen. Ertrag brachte nicht allein die Betreuung anspruchsvoller Privatkunden, sondern ebenso

TRADITION UND INNOVATION

das Geschäft mit Unternehmern und Unternehmen. Beide Bankhäuser betreiben eine sehr spezielle Form der Außenhandelsfinanzierung, und beide waren an der Gründung von Investment- und Kapitalanlagegesellschaften beteiligt, als diese Branchen in Deutschland noch in den Kinderschuhen steckten.

Im Außenhandelsgeschäft bot H. Aufhäuser – ähnlich wie Georg Hauck & Sohn – unter anderem Forfaitierungsfinanzierungen an. Die Geschäfte tätigte das Bankhaus vor allem beim Export in Länder wie Ungarn, Bulgarien und Polen. Das Foto zeigt die Außenhandelsabteilung von H. Aufhäuser Mitte der 50er-Jahre.

Was macht den nachhaltigen Erfolg eines Privatbankhauses aus? Im historischen Rückblick treten zwei strategische Konstanten besonders deutlich hervor: Bewahren und Erneuern. Die Geschichte beider Häuser zeigt, dass neben der Orientierung an erprobten Geschäftsmodellen und traditionellen Werten immer auch die Bereitschaft bestand, neue Wege zu gehen oder Innovationen sogar selbst herbeizuführen. Zur konservativen und risikoaversen Grundhaltung beider Häuser gehörte es dabei, nie alles auf eine Karte zu setzen, Fehlentwicklungen rasch entgegenzusteuern und überholte Geschäftszweige umzustrukturieren beziehungsweise sich im Zweifelsfall von ihnen zu trennen. So betrachtet, ist es kein Zufall, dass beide Bankhäuser auf eine lange Geschichte zurückblicken können.

KAPITEL 5

Die Herstatt-Pleite

ABSTURZ NACH RISKANTEN DEVISENSPEKULATIONEN

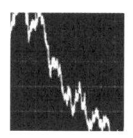

Am 26. Juni 1974 musste die Kölner Herstatt-Bank auf behördliche Anordnung schließen, einen Tag später beantragte die Privatbank Liquiditätsvergleich wegen Überschuldung.

Iwan David Herstatt hatte 1955 das kleine Bankhaus Hocker & Co. übernommen, das von einem seiner Vorfahren 1727 gegründet worden war. Das Institut firmierte in I. D. Herstatt KGaA um, und Hans Gerling von der gleichnamigen Versicherung erwarb als Kommanditist rund 80 Prozent des Kapitals. Das Wachstum der folgenden Jahre war imposant, nicht zuletzt dank exzellenter Kontakte in die Kölner Gesellschaft. Nach dem Ende des Weltwährungssystems mit fixierten Wechselkursen im März 1973 – das Abkommen war 1944 bei einer Konferenz in Bretton Woods von 44 Teilnehmerstaaten verabschiedet worden – engagierte sich die Bank Anfang der 1970er-Jahre in dem lukrativen, aber riskanten Geschäft des Devisenhandels.

Dany Dattel war Chef dieses Bereichs. Da im Devisenhandel modernste Technik eingesetzt wurde, vor allem die gerade erst aufkommenden Computer, wurde die Abteilung bald „Raumstation Orion" genannt. Dattel und seine „Goldjungs" drehten ein großes Rad, am Anfang waren die Gewinne enorm. 1973 betrug der Umsatz im Devisenhandel 24 Milliarden Deutsche Mark. Die behördliche Aufsicht ließ gewähren, Vorschriften gab es ohnehin kaum. Auch die Bankführung verschloss ihre Augen vor Unregelmäßigkeiten und Warnungen.

Dann brachten gescheiterte US-Terminspekulationen der Bank Verluste in Höhe von rund einer halben Milliarde Deutsche Mark ein. Die Schließung war unvermeidlich. Hans Gerling hatte noch Verhandlungen mit den großen Aktienbanken geführt, doch

DIE HERSTATT-PLEITE

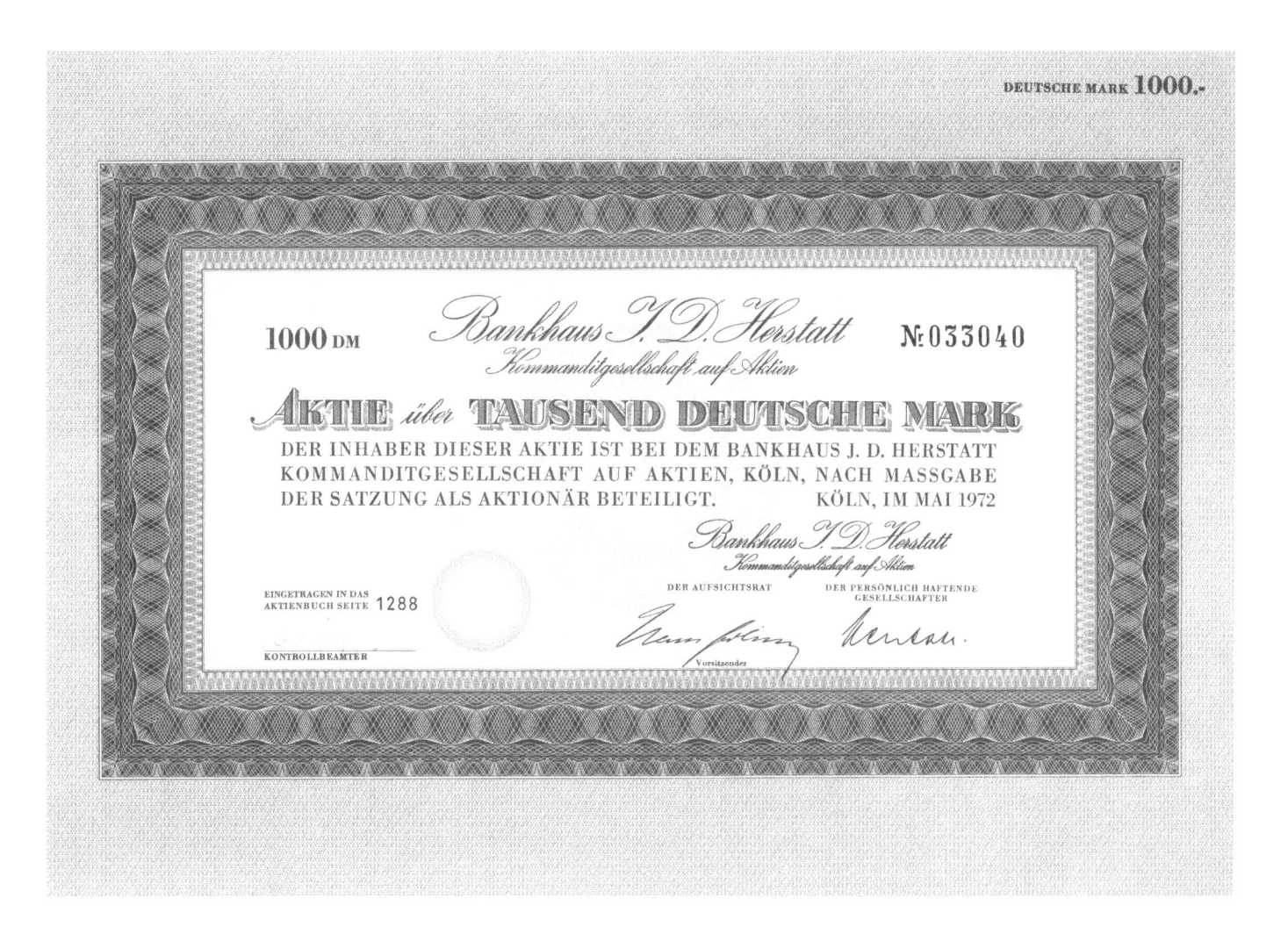

Am 26. Juni 1974 schloss die Aufsicht das Bankhaus Herstatt in Köln. Devisenspekulationen hatten den bis dahin folgenschwersten Banken-Crash der Nachkriegszeit ausgelöst. Herstatt-Aktie aus dem Jahr 1972.

eine Rettung scheiterte. Vor dem Bankhaus kam es zu Tumulten, die Börsenkurse gaben kräftig nach. Die Vergleichsverhandlungen zogen sich über 30 Jahre hin, Iwan Herstatt erhielt eine Bewährungsstrafe, Dany Dattel wurde für verhandlungsunfähig erklärt. Die Bank befindet sich aufgrund weiterhin offener finanzieller Fragen immer noch in Liquidation.

Schneller als die Gerichte war der Gesetzgeber: 1976 trat die zweite Novellierung des Kreditwesengesetzes (KWG) in Kraft, das nun unter anderem Höchstgrenzen offener Devisenpositionen festlegte und die Überwachungsmöglichkeiten ausweitete. Zudem gründeten die Privatbanken einen Einlagensicherungsfonds, dem auch Hauck & Aufhäuser bis heute angehört. Er deckt die Einlagen von Privatkunden bis zu einer Höhe von 30 Prozent des haftenden Eigenkapitals ab und bietet damit einen wirkungsvollen Schutz bei Krisen. Als Gemeinschaftsinstitut der deutschen Bankwirtschaft entstand 1974 die Liquiditäts-Konsortialbank GmbH, die die Liquidität der Kreditinstitute gewährleisten soll. An ihr ist Hauck & Aufhäuser ebenfalls beteiligt. Infolge der Herstatt-Krise, die keineswegs singulär in Europa war, konstituierte sich außerdem 1974 der Basler Ausschuss für Bankenaufsicht, der sich durch die marktkonservativen Regelwerke Basel I, II und III einen Namen gemacht hat.

Die Herstatt-Krise hatte weitere Folgen. Um Solidität zu demonstrieren, schlossen sich viele kleinere Häuser großen Aktienbanken an, andere private Bankhäuser mussten die Geschäfte aufgeben. Georg Hauck & Sohn betraf dies nur am Rande, da die Allianz Lebensversicherung AG schon seit 1969 Kommanditist war. Im Bankenmarkt wurde deshalb ein Kredit an Georg Hauck & Sohn wie ein Darlehen an die Allianz angesehen. Ähnlich lagen die Dinge bei H. Aufhäuser: Ende 1967 war die Bayerische Gemeindebank als Kommanditist eingetreten, gleichzeitig war das Eigenkapital aufgestockt worden. 1975 erhöhte die Bayerische Landesbank – sie war 1972 aus der Fusion der Bayerischen Gemeindebank und der Landesbodenkreditanstalt entstanden – ihren Anteil auf über 50 Prozent. Mit diesen starken Partnern konnten Georg Hauck & Sohn sowie

DIE HERSTATT-PLEITE

H. Aufhäuser die Herstatt-Pleite souverän überstehen – wie auch die folgenden Krisen, zum Beispiel die Ölschocks 1973 und 1979/80 sowie den RAF-Terror mit seinen negativen Auswirkungen auf die Börse.

Wie ernst die Lage damals war, zeigt die enorme Konsolidierung bei den unabhängigen Privatbankiers: Ihre Zahl halbierte sich im Verlauf der 70er-Jahre. Gab es 1973 noch 148 private Banken, so waren es 1981 gerade noch 80.

Auch der nächsten Bankenkrise im Jahr 1983 aufgrund der Schieflage der Privatbank Schröder, Münchmeyer, Hengst & Co. (SMH) folgte ein weiterer Konsolidierungsschub. Die Krise dokumentierte aber ebenso die Solidarität unter den Privatbankiers: 20 von ihnen, darunter Georg Hauck & Sohn und H. Aufhäuser, unternahmen im November desselben Jahres eine gemeinsame Rettungsaktion zugunsten von SMH. Im Dezember übernahm dann die britische Lloyds Bank das Institut; der Name Schröder, Münchmeyer, Hengst & Co. existiert seit 2003 nicht mehr, das Haus ist in der UBS Deutschland aufgegangen.

„Wie die neuen Rothschilds von Frankfurt"

Der Fall des Bankhauses Schröder, Münchmeyer, Hengst & Co. – die größte Krise seit Herstatt

Nur mit einem Zuschuß von 780 Millionen Mark konnten die deutschen Banken eines der angesehensten Geldhäuser vor der Pleite retten. Die Privatbank Schröder, Münchmeyer, Hengst & Co. hatte sich zu sehr in die riskanten Geschäfte des Mainzer Baumaschinen-Konzernchefs Horst-Dieter Esch hineinziehen lassen.

1969 war die SMH-Bank durch den Zusammenschluss der Bankhäuser Schröder Gebrüder & Co. und Münchmeyer & Co. in Hamburg sowie Friedrich Hengst & Co. in Offenbach entstanden. Nach geplatzten Krediten in Höhe von rund 900 Millionen DM an den Baumaschinenhändler Horst-Dieter Esch und seine Firma IBH-Holding stand das Bankhaus kurz vor der Insolvenz. Ausschnitt aus dem „Spiegel" Nr. 45/1983.

KAPITEL 6

Eigentum verpflichtet

Lange bevor Unternehmen begannen, sich unter dem Begriff „Corporate Social Responsibility" für soziale Belange jenseits ihrer eigentlichen Geschäftstätigkeit zu interessieren, war karitatives, soziales und mäzenatisches Engagement für die Bankhäuser Georg Hauck & Sohn sowie H. Aufhäuser eine Selbstverständlichkeit.

Sicherlich bemisst sich die Funktion eines Unternehmens in erster Linie daran, wie der Unternehmer sein Geschäft betreibt. So besteht die Daseinsberechtigung des Privatbankiers im Kern darin, sich mit großer Sorgfalt um die finanziellen Angelegenheiten seiner Kunden zu kümmern. Vermögenswerte, die oft über Generationen entstanden sind, sollen in der Substanz erhalten und mit Bedacht vermehrt werden. Dieses Metier beruht auf langfristigen, vertrauensvollen Beziehungen – zu Kunden, Geschäftspartnern, Gesellschaftern und Mitarbeitern. Und es orientiert sich an kaufmännischen Tugenden wie Unabhängigkeit, Sparsamkeit, Verbindlichkeit, Verlässlichkeit und Diskretion. Während der mehrhundertjährigen Geschichte beider Bankhäuser sind diese Tugenden gewissermaßen organisch gewachsen.

Zugleich gehörte es von Beginn an zur Tradition beider Bankhäuser, sich für das Gemeinwohl einzusetzen. „Eigentum verpflichtet" liegt dieser Haltung als Maxime zugrunde. Die Gesellschaft, in und von der man prosperierte, sollte am eigenen Erfolg teilhaben. Von diesem Selbstverständnis rührt das karitative, soziale und mäzenatische Engagement beider Häuser. Ihr verantwortungsvolles Unternehmertum kam vorzugsweise Frankfurt und München zugute – den beiden Städten, denen sich Georg Hauck & Sohn sowie H. Aufhäuser aus historischen Gründen besonders verbunden fühlten.

EIGENTUM VERPFLICHTET

Der Frankfurter Physikalische Verein wurde 1824 gegründet, um naturwissenschaftlich-technisches Wissen einer breiten Öffentlichkeit zu vermitteln. Die Bankiersfamilie Hauck war über Generationen Mitglied des Vereins. Physikalischer Verein an der Senckenberganlage, um 1920.

KAPITEL 6

GEORG HAUCK & SOHN

Kaufleute und Unternehmer wie die Bankiersfamilie Hauck haben nicht nur die wirtschaftliche Entwicklung Frankfurts geprägt. Sie übernahmen auch Verantwortung für das soziale und kulturelle Leben der Stadt.

Besonders eng gestalten sich in Frankfurt die Beziehungen zwischen Georg Hauck & Sohn und dem Physikalischen Verein. Seine Gründung geht auf eine Anregung Johann Wolfgang von Goethes zurück: Der Verein sollte naturwissenschaftlich-technisches Wissen nicht nur seinen Mitgliedern, sondern vor allem einer breiten Öffentlichkeit vermitteln. Dr. Christian Ernst Neeff, Arzt am Bürgerhospital, und der Erfinder Johann Valentin Albert nahmen die Anregung des naturwissenschaftlich ambitionierten Dichters auf und riefen 1824 den Physikalischen Verein ins Leben.

In einem Hörsaal des Vereins zum Beispiel führte Philipp Reis 1861 seine Erfindung der „Telephonie durch den galvanischen Strom" vor; praktische Bedeutung erlangte sie allerdings erst rund 20 Jahre später, nachdem der Brite Graham Bell den Sprechapparat zu einem alltagstauglichen Telefon weiterentwickelt hatte. Auch für die Stadt spielte der Physikalische Verein eine wichtige Rolle: Außer für naturwissenschaftlichen Breitenunterricht war er als Vorläufer des TÜV für technische Gutachten zuständig und steuerte die genaue Zeit auf den städtischen Uhren.

Schon als junger Mann trat Georg Hauck dem Physikalischen Verein bei, sein Sohn Alexander folgte diesem Beispiel, ebenso dessen Sohn Otto. Mit Ottos Onkel, Georg Heinrich, waren zeitweise sogar drei Haucks Mitglieder; sie förderten mit Spenden und dem Erwerb von Anteilsscheinen unter anderem den Neubau des Vereins an der Viktoria-Allee, der heutigen Senckenberganlage.

Die Anteilnahme an den Geschicken des Vereins reicht bis in die Gegenwart. Davon zeugen jährliche Spenden sowie eine Hypothek über 1,2 Millionen Deutsche Mark, durch die der Wiederaufbau der im Zweiten Weltkrieg zerstörten Gebäude finanziert wurde. Über viele Jahre stellte das Bankhaus Georg Hauck & Sohn zudem die Schatzmeister des Physikalischen Vereins. Die Familie Hauck findet sich denn auch auf der Ehrentafel der „Ewigen Mitglieder" des Physikalischen Vereins.

Schon 1812 hatte im Senckenbergischen Stiftshaus am Eschenheimer Turm die feierliche Eröffnung einer universitären Einrichtung stattgefunden. Sie musste jedoch bald wieder aufgelöst werden, nachdem ihr Mentor, Fürstprimas Karl Theodor von Dalberg, der politischen Umstände wegen seine Befugnisse als Großherzog von Frankfurt verlor. Es handelte sich damals zwar nur um eine Art Rumpfuniversität, doch immerhin war sie die Keimzelle für künftige Entwicklungen.

Als Ersatz für die verweigerte Hochschule wurde in der ersten Hälfte des 19. Jahrhunderts eine Reihe spezialisierter Bildungseinrichtungen gegründet, zu denen auch der bereits erwähnte Physikalische Verein gehörte; hinzu kamen etwa die Senckenbergische Gesellschaft und das Freie Deutsche Hochstift. Doch bis zur Jahrtausendwende sollte es noch dauern, bevor mit der „Akademie für Sozial- und Handelswissenschaften" eine wissenschaftliche Forschungs- und Bildungseinrichtung ins Leben gerufen wurde, in der wirtschaftliche und sozialwissenschaftliche Fakultäten in universitärer Form zusammenarbeiteten. Dies war übrigens der Kern der später durch Gelehrte wie Max Horkheimer, Erich Fromm und Theodor W. Adorno bekannt gewordenen „Frankfurter Schule". Bis zur Gründung der Universität musste Frankfurt aber noch mehr als ein Jahrzehnt warten.

Die Goethe-Universität war zum Zeitpunkt ihrer Gründung im Jahr 1914 die erste Stiftungsuniversität Deutschlands. Nicht nur Politiker wie Oberbürgermeister Franz Adickes und Industrielle wie Wilhelm Merton spendeten für die höhere

KAPITEL 6

Über viele Generationen engagierte sich Georg Hauck & Sohn für das Frankfurter Städel-Museum; diesem Zweck widmet sich seit 2006 auch die Gabriele Busch-Hauck-Stiftung. Städel-Museum Frankfurt am Main.

Bildungsanstalt. Die Stiftertafel der Universität trägt zahlreiche bekannte Frankfurter Namen – unter anderem den Georg Haucks. Das Bankhaus stellte die damals beträchtliche Summe von 100.000 Mark zur Verfügung.

EIGENTUM VERPFLICHTET

Bemerkenswert war auch die Verfassung dieser rein aus privaten Mitteln finanzierten Universität: Neben dem Rektor und den Dekanen der fünf Fakultäten gab es ein Kuratorium und einen „Großen Rat", in dem Politiker, Stifterfamilien und Unternehmen – wie das Bankhaus Georg Hauck & Sohn – vertreten waren und dadurch den Weg der Universität begleiteten.

Neben der naturwissenschaftlichen, ökonomischen und sozialwissenschaftlichen Bildung kamen in Frankfurt aber auch die schönen Künste nicht zu kurz. Wenn hier ein Bürger an prominenter Stelle genannt werden muss, so ist dies Johann Friedrich Städel. Als er 1815 sein Testament niederschrieb, legte er das Fundament für eine Sammlung von Gemälden, Zeichnungen, Stichen und Kunstgegenständen von außerordentlichem Rang, die weit über die Grenzen der Stadt hinaus bekannt werden sollte. Der Frankfurter Bankier und Gewürzhändler wollte durch den öffentlichen Zugang zu seiner privaten Sammlung und Kunstbibliothek „zum Besten hiesiger Stadt- und Bürgerschaft" beitragen.

Partner von Georg Hauck & Sohn waren Stifter und Förderer des Städels. Auf der Stiftertafel finden sich die Namen Friedrich Michael Hauck und Alexander Hauck. Michael Hauck war in der Zeit der Wiederbelebung des Städel-Vereins nach dem Zweiten Weltkrieg in dessen Vorstand tätig. Der Eingang des Museums ist seit 1985 eine Drehtür, die von Georg Hauck & Sohn gestiftet wurde. Seit 2006 widmet sich die Stiftung von Gabriele Busch-Hauck der Förderung des Städel-Museums.

Gegen Ende des 19. Jahrhunderts veränderte sich das Gesicht des so lange vom Wohlstand durch Handel geprägten Frankfurts. Industriebetriebe hatten sich an den Rändern der Stadt angesiedelt; neue Viertel, in die überwiegend Arbeiterfamilien aus ländlichen Gegenden zogen, entstanden. Die Umsiedelung vom Land in die Stadt erforderte große Anpassungsleistungen von den Menschen, besonders Jugendliche und Kinder brauchten Hilfe.

KAPITEL 6

Wilhelm Merton, der Gründer der Metallgesellschaft, mahnte: „Die vermögenden Klassen sind sich noch zu wenig bewußt, daß ihnen neue Verpflichtungen erwachsen sind zur Erleichterung des Drucks, unter welchem heute große Volksteile zu eigenem Schaden leiden, nach Kräften mitzuwirken."

Als Unternehmer schätzte Merton wissenschaftliches Vorgehen als Grundlage vernünftigen Handelns. Deshalb gründete er 1890 ein „Institut für Gemeinwohl", das brauchbare Wege zur Lösung oder zumindest Linderung der sozialen Probleme finden sollte. Für die praktische Arbeit etablierten er und andere Unternehmer 1899 die „Centrale für private Fürsorge", die sozial schwache und bedürftige Menschen unterstützte. Zudem lenkte die Einrichtung finanzielle Mittel in die richtigen Bahnen und befähigte die Empfänger der Hilfeleistungen dazu, ihre Situation aus eigener Kraft zu verbessern.

An der Gründungssitzung nahmen unter anderen einflussreichen Personen Dr. Eugen Lucius von den Farbwerken Hoechst, Leopold Sonnemann, Gründer der „Frankfurter Zeitung", Stadtrat Dr. Karl Flesch sowie die Bankiers Hallgarten, Speyer und Alexander Hauck teil. Zu diesem Zeitpunkt war übrigens dessen Sohn Otto schon seit zwölf Jahren Teilhaber von Georg Hauck & Sohn und sollte ein Jahr später Mitglied des Börsenvorstands werden. Alexander Hauck wurde auch in den Beirat der „Centrale für private Fürsorge" gewählt.

Die Beziehung des Bankhauses Hauck zur „Centrale für private Fürsorge" ist bis in die Gegenwart lebendig. 1911 trat Dr. Adolf Reiss, der älteste Sohn eines Bruders von Anna Hauck, in die Leitung des Vereins für Kinderschutz ein und gab ihm neue Impulse. Sein beachtliches Vermögen hinterließ er nach seinem Tod 1962 der „Centrale für private Fürsorge"; noch heute bildet es die Grundlage einer 1994 zugunsten der „Centrale" geschaffenen Stiftung.

Vor allem jedoch der Name Dr. August Oswalt ist untrennbar mit der „Centrale für private Fürsorge" verbunden. Bereits im Juli 1945, nur wenige Monate nach dem Zusammenbruch des Deutschen Reiches, waren es engagierte Bürger, die den Wiederaufbau und die Entwicklung des Instituts prägten – allen voran August Oswalt, Mitinhaber des Bankhauses Georg Hauck & Sohn (siehe Seite 158 ff.). Durch seine Vermittlung konnte schon im folgenden Jahr als eine der ersten Aktivitäten das Dr.-Adolf-Reiss-Kinderheim in Kelkheim erworben werden, das sich zu einem beispielgebenden Modell für eine vielseitige Förderung von Kindern entwickeln sollte.

Nach seinem Ausscheiden aus der Bank verstärkte August Oswalt sein soziales Engagement noch weiter und hatte bis 1970 den Vorsitz der Organisation inne, die sich 2006 den Namen „Bürgerinstitut" gab. Ihm zu Ehren trägt das Domizil des Bürgerinstituts den Namen „August-Oswalt-Haus".

H. AUFHÄUSER

Mit großem Engagement setzten sich Heinrich und Martin Aufhäuser für die Stadt München und ihre Bevölkerung ein. Auch das Wohl der eigenen Mitarbeiter lag den Bankiers am Herzen.

Die prominente Stellung, die Heinrich Aufhäuser im wirtschaftlichen und gesellschaftlichen Leben der bayerischen Hauptstadt einnahm, spiegelt sich in vielen Ehrenämtern. 1876 wurde er in den Vorstand der Münchener Börse gewählt, 1899 kam die Berufung in den Vorstand des Münchener Handelsvereins. Sein gesellschaftliches Engagement innerhalb der Jüdischen Gemeinde fand 1892 durch die Wahl in den Vorstand der Israelitischen Kultusgemeinde allgemeine Anerkennung. Zudem wirkte er in den Ausschüssen zahlreicher humanitärer Vereine und Organisationen – darunter im „Israelitischen Studien- und Arbeitsförderungsverein", der bedürftige

KAPITEL 6

Infolge der Geldentwertung Anfang der 1920er-Jahre musste der Münchener Tierpark Hellabrunn schließen. Bürger, Kaufleute und Bankiers – darunter Martin Aufhäuser – gründeten eine Aktiengesellschaft und engagierten sich erfolgreich für die Wiedereröffnung. Stammaktie von 1929.

Gemeindemitglieder bei der Weiterbildung und beruflichen Qualifizierung unterstützte. Diesem Anliegen blieb Heinrich Aufhäuser – wohl in Erinnerung seiner eigenen entbehrungsreichen beruflichen Anfänge in München – zeitlebens verpflichtet.

Ebenso wie sein Vater Heinrich engagierte sich auch Martin Aufhäuser für gemeinnützige und karitative Einrichtungen. Mit hohen Beträgen förderte er etwa den Ausbau des Schwabinger Krankenhauses. Auch die Universität München konnte sich

EIGENTUM VERPFLICHTET

stattlicher Zuwendungen erfreuen. Martin Aufhäusers Bindung an seine Heimatstadt zeigte sich besonders deutlich, als der 1911 eröffnete Tierpark Hellabrunn während der 20er-Jahre durch die Inflation in finanzielle Schwierigkeiten geriet und seine Tore schließen musste. Der Tierbestand wurde veräußert, das Löwengehege abgerissen, die nach Plänen des Architekten Emanuel von Seidl errichteten Tierhäuser verfielen. 1925 konstituierte sich innerhalb des „Hilfsbundes der Münchner Einwohnerschaft" ein Tierparkausschuss, der den Wiederaufbau des zoologischen Gartens betrieb.

„Wohnungen und Heime zu tragbaren Mietpreisen" zu errichten, war das Ziel der Gemeinnützigen Wohnungsfürsorge (GEWOFAG). Das Bankhaus H. Aufhäuser war einer der Initiatoren der noch heute tätigen Gesellschaft. GEWOFAG-Siedlung in München-Harlaching, um 1928.

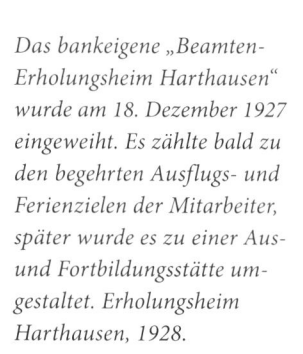

Das bankeigene „Beamten-Erholungsheim Harthausen" wurde am 18. Dezember 1927 eingeweiht. Es zählte bald zu den begehrten Ausflugs- und Ferienzielen der Mitarbeiter, später wurde es zu einer Aus- und Fortbildungsstätte umgestaltet. Erholungsheim Harthausen, 1928.

Drei Jahre später eröffnete der neu gegründete Tierpark Hellabrunn als Aktiengesellschaft, für die sich Martin Aufhäuser als Mitglied des Aufsichtsrats und Aktionär engagierte.

Nach dem Ersten Weltkrieg gehörte die allgemeine Wohnungsnot zu den schwerwiegenden sozialen Problemen in München. Zwar bemühte sich die Stadt nach Kräften, die „unzufriedenen Massen wenigstens von der Straße wegzubringen", doch die finanziellen Mittel der Stadtväter reichten dazu bei Weitem nicht aus. 1928 rief daher das Bankhaus H. Aufhäuser gemeinsam mit der Bayerischen Gemeindebank und den Baufirmen Heilmann & Littmann sowie Karl Stöhr unter Beteiligung des Bauunternehmers Leonhard Moll die Gemeinnützige Wohnungsfürsorge (GEWOFAG) ins Leben. Deren Aufgabe war es, „Wohnungen und Heime zu tragbaren Mietpreisen für die minderbemittelte Bevölkerung" zu errichten. In „ruhigen, freundlichen, praktisch eingeteilten, lichten und sonnigen Wohnungen" sollten die arbeitenden Menschen „nach des Tages Müh' und Plag' Erholung finden".

Martin Aufhäuser war ein passionierter Raucher. Der Aufhäuser-Kunde Herzog Luitpold schickte ihm im Dezember 1924 eine Zigarrenschachtel als Präsent. Sie sollte daran erinnern, „wie ritterlich und großzügig Sie sich dem Mitglied einer entthronten Dynastie gegenüber benommen haben, zu einer Zeit, wo manche anderen Menschen, die viel mehr Veranlassung dazu gehabt hätten als Sie, dies schon längst der nunmehrigen Unrentabilität halber für nicht mehr notwendig befanden. Ich werde Ihnen das nie vergessen …" Dankschreiben Herzog Luitpolds in Bayern an Martin Aufhäuser, 1924.

Unterhalt und Vermietung der Häuser und Wohnungen lagen bei der GEWOFAG, doch die Miete setzte die Stadt fest. Außerdem war der Gesellschaft vorgeschrieben, vom erzielten Reingewinn nur eine Dividende von höchstens fünf Prozent auszuschütten. Schon im ersten Jahr ihres Bestehens konnte die GEWOFAG mehr als 1.600 Wohnungen vom nordwestlich gelegenen Stadtteil Neuhausen bis hin nach Ramersdorf im Südosten fertigstellen. Noch heute ist die GEWOFAG ihrem Gründungszweck verpflichtet; 2010 verwaltete sie einen Bestand von mehr als 35.000 Wohnungen.

Nicht nur das Wohl der Stadt und ihrer Bevölkerung lag Martin Aufhäuser am Herzen, er sorgte sich auch weit über das gewöhnliche Maß hinaus um die Mitarbeiter des Bankhauses. Für sie erwarb er im ländlichen Raum östlich von München zum

KAPITEL 6

Preis von 15.000 Goldmark ein großes Anwesen mit „ausgedehntem Gras- und Baumgarten". Nachdem die Umbauarbeiten vollendet waren, konnte das „Beamten-Erholungsheim Harthausen" am 18. Dezember 1927 in Gegenwart der Geschäftsleitung sowie von 34 Angestellten des Bankhauses eingeweiht werden. Zu einer Zeit, da ausgedehnte Urlaubsreisen mit der Familie für die breite Bevölkerung nahezu unerschwinglich waren, zählte diese idyllische Erholungsstätte schon bald zu den begehrten Ausflugs- und Ferienzielen der Mitarbeiter von H. Aufhäuser.

Wie viele andere Damen der Gesellschaft war auch Auguste Aufhäuser dem Gedanken sozialer Fürsorge und Wohltätigkeit verpflichtet. So gehörte sie unter anderem der „Prinzessin-Ludwig-Kinderheim-Stiftung" an, die ihr Mann mit großzügigen Spenden unterstützte.

Wie seinem Vater Heinrich Aufhäuser wurde auch Martin Aufhäuser für seine Verdienste der Titel eines „Geheimen Kommerzienrats" verliehen. Diese Auszeichnung war noch während der Regierungszeit des Prinzregenten Luitpold geschaffen worden und hatte – trotz Revolution und Abdankens der Königsfamilie – auch in der Folgezeit Bestand. Nach der „Allerhöchsten Willensmeinung" wurden mit diesem Titel „die hervorragendsten bayerischen geschäftsführenden Großindustriellen und Großkaufleute" geehrt, die gemeinnützig wirkten und namentlich auch „auf das Wohl ihrer Arbeiter bedacht" waren.

EIGENTUM VERPFLICHTET

HAUCK & AUFHÄUSER KULTURSTIFTUNG

2008 haben die mittlerweile zusammengehörenden Bankhäuser ihr mäzenatisches Engagement in einer Stiftung gebündelt: der Hauck & Aufhäuser Kulturstiftung. Diese Stiftung bürgerlichen Rechts widmet sich der Förderung junger Künstler.

Künstlerische Meisterschaft fällt nicht vom Himmel – sie muss durch Talent, Fleiß und mithilfe hervorragender Lehrer erworben werden. Jährlich verleiht die Stiftung deshalb einen Förderpreis, mit dem sie besonders begabte Nachwuchskünstler auszeichnet und in ihrer weiteren künstlerischen Entwicklung unterstützt.

Bisherige Förderpreisträger der Hauck & Aufhäuser Kulturstiftung waren der Pianist Christopher Park, die Orchesterakademie der Freunde und Förderer der Münchner Philharmoniker, der Bassist Jong-Min Park und der Bariton John Chest.

Mit Opernarien und Liedern begeisterte Jong-Min Park sein Publikum in der Allerheiligen-Hofkirche in München. Der junge koreanische Bassist wurde 2010 mit dem Förderpreis der Hauck & Aufhäuser Kulturstiftung ausgezeichnet. Allerheiligen-Hofkirche, 2010.

KAPITEL 6

August Oswalt

EIN LEBEN IN VERANTWORTUNG

„Wir haben von ihm gelernt, bei allem kommerziellen Denken des harten Bankgeschäftes die menschliche Seite nicht zu vergessen" – mit diesen Worten kondolierten die Mitarbeiter des Bankhauses Georg Hauck & Sohn nach dem Tod Dr. August Oswalts am 10. Mai 1983 seiner Familie.

Im Leben August Oswalts war das Gefühl für soziale Verantwortung immer lebendig. An vielen Stationen seines Lebens hat er es in praktisches Handeln umgesetzt. Nachdem schon sein Vater, Henry Oswalt, zusammen mit dem Industriellen Wilhelm Merton und dem Frankfurter Oberbürgermeister Franz Adickes am Aufbau der Stiftungsuniversität als einer besonderen Art Bürgerinitiative mitgewirkt hatte, scheint ein solcher Weg fast vorhersehbar gewesen zu sein.

Am 17. April 1892 in Frankfurt geboren, entschied sich August Oswalt nach dem Abitur am Goethe-Gymnasium und einem Jurasemester an der Universität Heidelberg für eine Offizierslaufbahn. Gleich zu Beginn des Ersten Weltkriegs erlitt er an der Westfront eine schwere Verwundung. Während seiner anschließenden Studienzeit in Frankfurt, Freiburg und München beschäftigte ihn vor allem die Rolle eines selbstbewusst auftretenden und aktiv seine Geschicke bestimmenden Bürgertums; davon handelte auch seine Dissertation.

Die gemeinsame Schulzeit von August Oswalt und Alexander Hauck sowie Geschäftsbeziehungen des Bankhauses Georg Hauck & Sohn zur Metallgesellschaft, in der Augusts Vater, Henry Oswalt, eine wichtige Funktion innehatte, führten zu engen Kontakten zwischen den Familien Oswalt und Hauck. 1921 heiratete Alexander Hauck Augusts Schwester Anne Marie. August Oswalt und Alexander Hauck waren

AUGUST OSWALT

damit verschwägert; und so lag es auch nahe, dass die Bank August Oswalt aufnahm und ihm einen Posten übertrug, nachdem er wegen seines jüdischen Vaters unter den Nationalsozialisten seine Stellung in Berlin verloren hatte.

Nach dem frühen Tod Alexander Haucks 1946 erwarben sich beide Oswalt-Geschwister große Verdienste um das Bankhaus Georg Hauck & Sohn. Anne Marie Hauck, die Witwe des Bankiers, setzte sich auf ungewöhnliche Weise für den Wiederaufbau des durch Brandbomben zerstörten Domizils in der Neuen Mainzer Straße ein (siehe Seite 119). August Oswalt zögerte nicht, mit hohem persönlichen Engagement Verantwortung für die Bank zu übernehmen, als sie in schwierigen Zeiten eine neue Leitung benötigte.

Zwei Jahre lang führte August Oswalt die Geschäfte allein. 1948 fand er dann in Kurt Heide einen Partner, der ihm durch seine langjährige Tätigkeit im Bankwesen und in der Industrie mit großer Kompetenz zur Seite stand. Im Jahr 1961 beendete August Oswalt seine aktive Tätigkeit für Georg Hauck & Sohn im Alter von 69 Jahren.

Nach seinem Ausscheiden aus der Bank, aber auch schon nach dem Eintritt Kurt Heides, fand August Oswalt immer mehr Gelegenheit zu politischer und sozialer Betätigung. Politisch strebte er den Ausgleich zwischen Unternehmern und Gewerkschaften an, um nur einen Punkt zu nennen. Nach den schrecklichen Erlebnissen zwischen 1933 und 1945 wollte er an der Festigung der Demokratie mitwirken. Unter anderem wurde er deshalb Mitglied der Hessischen Verfassungsgebenden Versammlung, des Groß-Hessischen Landtags und des Rundfunkrates des Hessischen Rundfunks; darüber hinaus war er Mitbegründer der Gesellschaft für Christlich-Jüdische Zusammenarbeit.

Eine tragende Rolle spielte August Oswalt in der „Centrale für private Fürsorge", deren Geschicke er von 1945 bis 1970 als Vorsitzender mit großem Weitblick lenkte.

Dr. August Oswalt (1892–1983) übernahm Verantwortung für das Bankhaus Georg Hauck & Sohn, als es in schwierigen Zeiten nach dem Zweiten Weltkrieg eine neue Geschäftsleitung benötigte. Zudem war er in bester unternehmerischer Tradition ein politisch und sozial engagierter Bürger. Dr. August Oswalt um 1960.

Auszeichnungen wurden ihm von vielen Seiten zuteil, darunter das Große Verdienstkreuz des Verdienstordens der Bundesrepublik Deutschland und die Ehrenplakette der Stadt Frankfurt; zudem war er Ehrensenator der Frankfurter Universität.

Anekdotisch sei noch vermerkt, dass sich August Oswalts Witwe, Elisabeth Oswalt, jedes Jahr nach der Hauptversammlung mit einem handschriftlichen Brief an alle Mitarbeiter von Hauck & Aufhäuser wendet und die Arbeit des vergangenen Jahres würdigt. Dazu gibt es als traditionelles und lieb gewonnenes Dankeschön für jeden – ein Erdbeertörtchen.

Elisabeth Oswalt August-Siebert-Straße 8
60323 Frankfurt a. M.

25. V. 2011

Liebe Mitarbeiterinnen und liebe Mitarbeiter
bei Hauck & Aufhäuser, Privatbankiers seit 1796,

Auch in diesem Jahr sollen sich Büros und Arbeitsräume, bald nach der Hauptversammlung, für kurze Zeit in ein Café verwandeln, damit jede, jeder von Ihnen in Ruhe ein Erdbeertörtchen genießen kann.

In Erinnerung an meinen Mann Dr. Dr. h.c. August Oswalt und seine Schwester Frau Anne Marie Hauck, die nach dem Krieg die Bank wiederaufbauten, möchte ich die schöne Tradition, den Mitarbeitern ein kleines Dankeszeichen zu schenken, beibehalten.

Möchten Sie gesund bleiben! Mögen Ihnen weiterhin die anstrengenden und fordernden Aufgaben gelingen. Möchten Sie sich über Erfolge freuen und in guter Arbeitsatmosphäre den Alltag meistern können!

Mit dankbaren Grüßen,
Ihre Elisabeth Oswalt

Noch heute wendet sich Elisabeth Oswalt, August Oswalts Witwe, jedes Jahr mit einem handschriftlichen Brief an die Mitarbeiter des Bankhauses. Als kleines Dankeschön für die Leistungen des vergangenen Jahres bekommt jeder ein Erdbeertörtchen.

KAPITEL 7

Der Weg zu einer Bank von Unternehmern für Unternehmer

H. AUFHÄUSER

Nach der Zäsur des Jahres 1945 sollte die lange Tradition eines unabhängigen, privaten Bankhauses fortgeführt werden. Entschieden trat die Geschäftsleitung Absichten entgegen, das Haus in eine Kapitalgesellschaft umzuwandeln.

1945 war Josef Bayer aufgrund seiner langen Zugehörigkeit zu H. Aufhäuser und seiner charakterstarken Haltung in den Jahren nach 1938 von der amerikanischen Militärregierung zum Treuhänder des Bankhauses bestimmt worden. „Es ist doch ein erheblicher Unterschied, ob der Kunde von einem Bankdirektor, der kein persönliches Vermögensrisiko eingeht, beraten wird, oder von einem persönlich haftenden und verantwortungsbewussten Bankier", war sein zentrales Argument zugunsten der Unabhängigkeit des Hauses.

1953 erhielten die Erben der Familie Aufhäuser, die sich vor den Nationalsozialisten ins Ausland gerettet hatten, eine 40-prozentige Beteiligung am Kommanditkapital, und Josef Bayer trat als persönlich haftender Gesellschafter in das Bankhaus ein, das seit 1954 wieder den alten Namen „H. Aufhäuser" führte. Zum feierlichen Akt der Rückfirmierung kamen die Witwe und die Tochter Martin Aufhäusers nach München. Martin Aufhäusers Söhne – Walter und Robert – lehnten jedoch einen Einstieg als Komplementäre in das von ihrem Großvater gegründete Bankhaus ab. Mitte der 50er-Jahre veräußerte die Familie schließlich ihre Beteiligung und schied vollständig aus dem Bankhaus aus. Ihre Anteile wurden von Hans Freiherr von Riedesel zu Eisenbach und Mitgliedern der Familie Monheim (Trumpf Aachen) übernommen.

Mitte der 50er-Jahre zählten SKH Dr. Ernst August Prinz von Hannover Herzog zu Braunschweig und Lüneburg, Graf und Gräfin Berghe von Trips, Familie Dr. Max

SEILER & CO.   MÜNCHEN, den 5. August 1950

Herrn
Michael Hauck
Frankfurt a.M.
Am Leonhardsbrunn 11

Sehr geehrter Herr Hauck,

Ich bestätige dankend den Empfang Ihrer liebenswürdigen Zeilen vom 4.ds.Mts. und gratuliere Ihnen zu Ihrem Erfolg sich ein Jahr lang in den Vereinigten Staaten studienhalber aufhalten zu können. Für Ihre Tätigkeit in Amerika darf ich Ihnen recht guten und grossen Erfolg wünschen.

Ungelegenheiten, die Sie Seiler & Co. durch Ihre Absage bereiten können, bestehen nicht, sodass Sie diesbezüglich ganz beruhigt sein dürfen. Sollten Sie später wiederum den Wunsch haben, hier einige Zeit als Volontär tätig sein zu wollen, so werde ich mich nur freuen, wenn ich Ihnen dabei behilflich sein darf.

Indem ich Ihnen nochmals recht guten Erfolg und eine gute Reise wünsche, bitte ich Sie zugleich, Ihren sehr verehrten Herrn Onkel von mir grüssen zu wollen.

Mit verbindlichen Grüssen

Ihr ergebener

Fusioniert sind die beiden Bankhäuser Hauck und Aufhäuser erst seit 1998, die Beziehungen reichen aber wesentlich weiter zurück. So lassen sich gemeinsame Geschäftstätigkeiten bis in die 1920er-Jahre zurückverfolgen. Und am Beginn der Karriere unseres Ehrenvorsitzenden Michael Hauck hätte um ein Haar das Bankhaus H. Aufhäuser gestanden. Michael Hauck hatte sich 1950 beim Bankhaus Seiler & Co. – von 1938 bis 1954 der Name des „arisierten" Bankhauses H. Aufhäuser – als Volontär beworben. Das Münchener Bankhaus hätte ihn auch gern genommen, doch er zog es dann vor, seine Ausbildung in den USA, in London, Paris und Hamburg fortzusetzen. Brief von Josef Bayer an Michael Hauck vom 5. August 1950.

Grasmann, Familie Professor Dr. Willy Messerschmitt, Baron von der Tann, Hans Veit Graf zu Toerring-Jettenbach sowie die Süd-Chemie AG zu den Kommanditgesellschaftern des Hauses.

Parallel zum Wiederaufbau Deutschlands, zum konjunkturellen Aufschwung und der zunehmend expansiven Unternehmenspolitik wuchs auch der Geschäftsumfang von H. Aufhäuser. Das Haus hatte in den schwierigen Nachkriegsjahren seine Reputation als eine der bedeutendsten deutschen Privatbanken weiter gefestigt und konnte in den Zeiten des „Wirtschaftswunders" der 50er- und 60er-Jahre in allen Sparten des Bankgeschäfts neues Terrain gewinnen; besonders erfolgreich war H. Aufhäuser im Wertpapierhandel sowie beim Emissions- und Konsortialgeschäft. Die entscheidenden Akzente für die Entwicklung zu einer dynamisch wachsenden Universalbank setzten Geschäftsleitung und Gremien in dieser Phase.

1960 kam es zu einem Generationenwechsel in der Geschäftsleitung, als mit Rudolf Bayer, Dr. Albrecht Müller und Dr. Hans Heinrich Ritter von Srbik drei neue persönlich haftende Gesellschafter eintraten.

Rudolf Bayer, der Sohn von Josef Bayer, hatte seine Banklehre bei Seiler & Co. absolviert und war danach in der Wertpapierabteilung der Bank tätig gewesen. Dr. Albrecht Müller war ebenfalls ein „eigenes Gewächs", er leitete zuvor als Justitiar die Rechtsabteilung. Nur Dr. Hans Heinrich Ritter von Srbik hatte keine Aufhäuser-Vergangenheit; er kam aus der rheinischen Industrie und war vor seinem Eintritt in die Geschäftsführung von H. Aufhäuser persönlicher Referent von Friedrich Karl Flick Senior. Sein Unternehmergeist und seine Kontakte verliehen der Bank eine starke Wahrnehmung in der Münchener Gesellschaft.

Als Josef Bayer am 6. Dezember 1965 überraschend starb, musste der Kreis der Gesellschafter erneut ergänzt werden. 1967 kam Dr. Wolfgang Wunder, der zunächst im väterlichen Bankhaus Wunder & Co. in Bamberg und anschließend bei der Commerzbank tätig gewesen war, zu H. Aufhäuser nach München. Der Wechsel in der Leitung der Bank spiegelte sich in einem neuen Kurs der Geschäftspolitik wider: Erklärtes Ziel der Gesellschafter war es, das Geschäftsmodell der Bank zu erweitern. Als zusätzliche Ertragssäulen entwickelte man das Kreditgeschäft und das Außenhandelsgeschäft.

Zugleich begab man sich auf die Suche nach einem starken Kooperationspartner, der die Wachstumsstrategie vorantreiben und im Idealfall auch Anteile am Bankhaus übernehmen sollte. 1967 wurde die Bayerische Gemeindebank als neuer Gesellschafter gewonnen, sie übernahm 25 Prozent bei H. Aufhäuser.

Die 1914 gegründete Bayerische Gemeindebank war der zentrale Geld- und Kreditgeber der bayerischen Sparkassen, Gemeinden und Landkreise. Sie engagierte sich im Kreditgeschäft, refinanzierte ihre überwiegend langfristigen Engagements durch die Emission eigener Schuldverschreibungen und war im Wertpapier- und Außenhandelsgeschäft tätig. Von dem Einstieg bei H. Aufhäuser erwarteten sich beide Banken Synergien und damit zusätzliches Geschäft.

Als H. Aufhäuser 1970 mit einem Festakt im Münchner Residenztheater das 100-jährige Bestehen feierte, konnte die Bank mit stattlichen Zahlen aufwarten: Die Bilanzsumme belief sich auf 312 Millionen Mark, die Kundeneinlagen betrugen rund 220 Millionen Mark. Im Jubiläumsjahr entschloss man sich, nicht nur Zweigstellen in Stadtgebieten mit besonders einkommensstarker Bevölkerung zu eröffnen, das Haus etablierte auch eine Niederlassung am wichtigsten deutschen Börsenplatz in Frankfurt am Main. Welche Rolle das Wertpapiergeschäft spielte, lässt sich auch daran erkennen, dass Rudolf Bayer 1972 zum Präsidenten der Bayerischen Börse ernannt wurde und dieses Amt bis zu seiner Pensionierung 1991 innehatte.

KAPITEL 7

1960 übernahm eine jüngere Generation und begann, das Geschäftsmodell der Bank zu erweitern: Kredit- und Außenhandelsgeschäft wurden zu neuen Ertragsquellen entwickelt. Wiederaufgebautes Domizil des Bankhauses in der Löwengrube, um 1960.

In den 70er-Jahren entwickelte die Bank einen neuen Geschäftszweig und arbeitete verstärkt mit National- und Außenhandelsbanken der Ostblockländer zusammen. Umfangreiche Forfaitierungsgeschäfte wurden besonders mit Ungarn, Bulgarien und Polen getätigt. Diese Form der Exportfinanzierung, bei der der Exporteur seine Forderung an Banken oder Finanzierungsgesellschaften verkauft, wurde nur von einigen wenigen Spezialinstituten betrieben. Zudem erkannte das Bankhaus H. Aufhäuser frühzeitig die Möglichkeiten des Leasinggeschäfts und erwarb 1979 die Mehrheit an der BAV-Leasing GmbH.

Doch zurück ins Jahr 1974. Am 26. Juni schloss die deutsche Bankenaufsicht das Bankhaus Herstatt in Köln wegen Überschuldung (siehe S. 140 ff.). Devisenspekulationen hatten den bis dahin folgenschwersten Bankenkrach der Nachkriegszeit ausgelöst. Nicht nur Privatkunden fühlten sich geprellt, auch im internationalen Geldgeschäft wurden kleinere Privatbanken trotz ihres Renommees oft nicht mehr als solvente Geschäftspartner akzeptiert. Viele mussten infolge der Herstatt-Insolvenz aufgeben oder verloren ihre Unabhängigkeit.

Mit der Bayerischen Gemeindebank als starkem Partner im Hintergrund blieb H. Aufhäuser von der Bank- und Vertrauenskrise verschont. Traditionell betrieb man eine äußerst umsichtige Geschäftspolitik und verzichtete zum Beispiel auf jedes spekulative Element im Devisenhandel.

Um in der Krise ein Zeichen der Stärke zu setzen, beschlossen die Gremien 1975, das Kapital der Bank von 25 auf 40 Millionen Deutsche Mark zu erhöhen. Die Bayerische Landesbank, die 1972 aus dem Zusammenschluss von Bayerischer Gemeindebank und Landesbodenkreditanstalt hervorgegangen war, erhöhte ihre Beteiligung von 25 Prozent auf über 50 Prozent. Als zusätzlicher Gesellschafter wurde die Erzbischöfliche Finanzkammer München und Freising aufgenommen; daraus resultiert die noch heute enge Beziehung unseres Hauses zur katholischen Kirche und zum Heiligen Stuhl in Rom. Des Weiteren trat die von Dr. Hans Heinrich Ritter von Srbik gegründete und von seinem Sohn weitergeführte Messerschmitt-Stiftung als Gesellschafter ein; sie hat ihre Anteile am fusionierten Bankhaus im Jahr 2008 noch einmal erhöht und hält sie bis heute.

Die Übernahme der Kapitalmehrheit durch die Bayerische Landesbank hatte der persönlich haftende Gesellschafter Dr. Albrecht Müller noch mit vorbereitet. Sein Tod am 30. Mai 1975 machte eine Neuordnung der Geschäftsleitung notwendig. 1976 trat deshalb Dirk Freiherr von Dörnberg ein, der zuvor bei amerikanischen Banken, unter anderem bei der Chase Manhattan Bank, tätig gewesen war.

KAPITEL 7

1983 kam es abermals zu einem Wechsel in der Geschäftsleitung. Nachdem Dr. Hans Heinrich Ritter von Srbik aus Altersgründen ausgeschieden war, wurde Rüdiger von Michaelis als Nachfolger berufen; er kam von der Bayerischen Vereinsbank. Auch im Kreis der Gesellschafter gab es Veränderungen: So übernahm im Juli 1985 unter anderem SKH Herzog Max in Bayern Anteile am Bankhaus H. Aufhäuser.

Ende der 80er-Jahre stellte die Geschäftsleitung Überlegungen an, die Bank den Erfordernissen der Zeit entsprechend und mit Hinblick auf den bevorstehenden EG-Binnenmarkt besser auszurichten. Um spätere Kapitalerhöhungen zu erleichtern, erwog man, Partner aus der Industrie als zusätzliche Gesellschafter aufzunehmen. Ende 1989 aber fiel schließlich die Entscheidung, dass die Bayerische Landesbank – bis auf eine Ausnahme – die Anteile der zuletzt 38 privaten Gesellschafter übernehmen sollte. Damit wurde sie faktisch zum Alleingesellschafter von H. Aufhäuser.

Auch Dr. Wolfgang Wunder veräußerte nach 23-jähriger Tätigkeit für das Haus seine Anteile und zog sich im Alter von 65 Jahren in den Ruhestand zurück. Dirk Freiherr von Dörnberg schied im Zuge dieser Veränderungen ebenfalls aus. An ihre Stelle traten 1990 Helmut Schreyer, der 1961 als Banklehrling bei H. Aufhäuser angefangen hatte, und Dr. Harald Rühl, der von der Bayerischen Landesbank Luxemburg nach München wechselte.

Als Gesellschafter sorgte die Bayerische Landesbank für Kontinuität und Stabilität bei H. Aufhäuser. Nach der Herstatt-Pleite und der wenige Jahre später folgenden Schieflage des Bankhauses Schröder, Münchmeyer, Hengst & Co. (siehe Seite 143) war das von unschätzbarem Vorteil. Die erhofften geschäftlichen Synergien zwischen beiden Häusern blieben allerdings aus. Konsequenterweise begann man sowohl bei der Bayerischen Landesbank als auch bei H. Aufhäuser darüber nachzudenken, künftig wieder getrennte Wege zu gehen.

Diese Überlegungen wurden durch eine Personalie gefördert: Dr. Eberhard Zinn, Vorstandsmitglied der Bayern-LB und Aufsichtsratsvorsitzender bei H. Aufhäuser, verband eine gute Bekanntschaft mit Peter Gatti. Ihre Wege hatten sich bei der Chase Manhattan Bank gekreuzt, bei der Gatti bis 1986 tätig gewesen war. Seit 1995 jedoch war er persönlich haftender Gesellschafter einer renommierten Privatbank, die just zu diesem Zeitpunkt nach einem Partner Ausschau hielt und verschiedene Optionen prüfte: Georg Hauck & Sohn Bankiers in Frankfurt am Main.

GEORG HAUCK & SOHN

Auch für die Frankfurter Bankiers Georg Hauck & Sohn standen die Nachkriegsjahre im Zeichen einer Neuordnung der Gesellschafterverhältnisse. Einst im Besitz der Gründerfamilie, wurde das Haus schließlich in eine Kommanditgesellschaft auf Aktien mit starken privaten wie institutionellen Anteilseignern umgewandelt.

1993 war mit dem Bankier Michael Hauck das letzte Mitglied der Gründerfamilie aus dem operativen Geschäft ausgeschieden. Georg Hauck & Sohn hat sich stets den Charakter einer veritablen Familienbank bewahrt. Denn zu den Kommanditisten zählen bis heute mit maßgeblichen Anteilen die direkten Nachfahren von Michael Hauck sowie die nächsten Verwandten, repräsentiert im Wesentlichen durch die Familien Busch, Ladenburg, Plieninger, Deckert und Oswalt.

Obwohl kein Verwandtschaftsverhältnis besteht, muss an dieser Stelle ein weiterer für Georg Hauck & Sohn wichtiger Gesellschafter genannt werden: die Familie Brinckmann. 1950, nachdem die Bank in eine Kommanditgesellschaft umgewandelt worden war und sich neuen Kapitalgebern geöffnet hatte, trat Dr. Rudolf Brinckmann in den Gesellschafterkreis ein. Von seiner Herkunft konnte er sich fast als Frankfurter

KAPITEL 7

Im Zweiten Weltkrieg völlig zerstört, wurde Georg Hauck & Sohn nach 1945 am traditionellen Standort wiederaufgebaut. Neue Mainzer Straße 30 im Jahr 1958.

fühlen. Sein Vater war als Kaufmann von Frankfurt nach Smyrna – ins heutige Izmir – ausgewandert, dort kam Rudolf Brinckmann 1889 zur Welt. In Frankfurt besuchte er das Goethe-Gymnasium, in dem neben den später bekannten Volkswirten Albert Hahn und Edgar Salin auch August Oswalt und Alexander Hauck Schüler waren. Nach dem Krieg hat Rudolf Brinckmann, damals Partner der Hamburger Privatbank Brinckmann, Wirtz & Co. (heute M. M. Warburg & CO) in schwierigen Zeiten neues Kapital sowie seine Kompetenz im nationalen und internationalen Bankgeschäft bei Georg Hauck & Sohn eingebracht. Auch diese Beteiligung wird heute noch von der Familie Brinckmann gehalten.

Neben den Kommanditisten der verwandtschaftlichen Seite hatte Georg Hauck & Sohn mit der in Stuttgart ansässigen Allianz Lebensversicherungs-AG, deren Aufsichtsratsmitglied einst Otto Hauck gewesen war, seit 1969 einen institutionellen Gesellschafter. Ähnlich wie bei H. Aufhäuser in München stärkte dieser – besonders während der Herstatt-Krise in den frühen 70er-Jahren – dem Frankfurter Privatbankhaus den Rücken und sorgte nicht nur für Vertrauen im Markt, sondern auch für wirtschaftliche Stabilität. Die Allianz verband mit dem Engagement bei Hauck ebenfalls ein dezidiertes Interesse: Sie nutzte die Kompetenz des Hauses im Segment von Spezialfonds und bei der Wertpapieranalyse sowie seinen Zugang zum Präsenzhandel der Frankfurter Börse; über Georg Hauck & Sohn wickelte der Versicherungskonzern die eigenen Wertpapiergeschäfte ab. Der Kontakt zur Allianz war durch Reinhard C. Schroeder zustande gekommen, der von 1954 bis 1986 Partner bei Georg Hauck & Sohn war.

Interessanterweise wollte sich die Allianz ausschließlich an der Bank beteiligen, nicht jedoch an ihren Liegenschaften. Der Immobilienbesitz des Hauses in der Kaiserstraße, der Neuen Mainzer Straße und im Reuterweg wurde deshalb in die M. G. Hauck & Co. KG ausgegliedert.

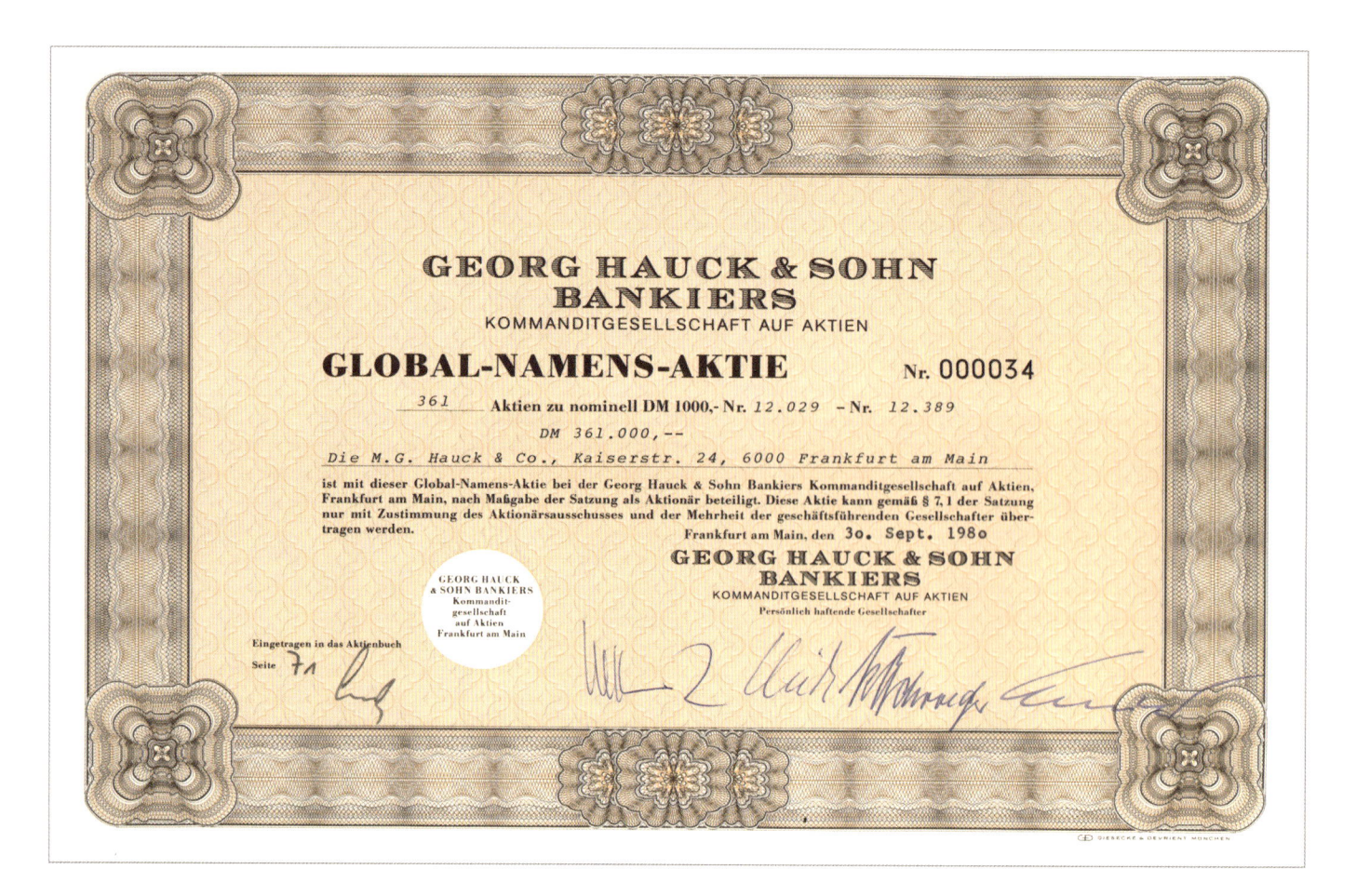

Namensaktie von Georg Hauck & Sohn aus dem Jahr 1980, nachdem das Bankhaus in eine Kommanditgesellschaft auf Aktien umgewandelt worden war; handschriftlich zeichneten: Michael Hauck, Frank Heide, Reinhard C. Schroeder und Axel Schütz.

Als weiterer institutioneller Gesellschafter trat 1979 die Wüstenrot Lebensversicherung AG, eine Beteiligung der Allianz, in den Gesellschafterkreis von Georg Hauck & Sohn ein; zehn Jahre später folgte die Bayernwerk AG.

1980 beschlossen die damaligen Anteilseigner, Georg Hauck & Sohn in eine Kommanditgesellschaft auf Aktien (KGaA) umzuwandeln. Zum einen erlaubte es diese Gesellschaftsform, die Erbfolge bequemer zu regeln, da sie anstelle eines Vorstands auch persönlich haftende Gesellschafter (Komplementäre) in der Geschäftsleitung zulässt. Zum anderen konnte die in eine Kommanditgesellschaft auf Aktien umfirmierte Privatbank rascher und flexibler neues Kapital aufnehmen. Georg Hauck & Sohn war eine der ersten Privatbanken, die sich diese Gesellschaftsform gab. Die Bankhäuser Metzler und Sal. Oppenheim sollten diesem Beispiel später folgen.

Auch eine Börsennotierung wurde mehrfach erwogen, am Ende jedoch sprachen sich die Gesellschafter dagegen aus; sie befanden das Haus als zu klein. Außerdem wollte man sich – anders als bei dem anonymen und schwer kontrollierbaren Kapitalmarktgeschehen – seine Gesellschafter selbst aussuchen. Nur drei Jahre später zeigte sich, wie klug diese Entscheidung war: Als Frank Heide 1983 als Partner ausschied und neben anderen Anteilseignern auch der Markgraf von Baden den Gesellschafterkreis verließ, konnten die frei gewordenen Anteile schnell und unkompliziert an einen neuen Gesellschafter weitergegeben werden, von dem man sich vor allem Kontinuität und einen langen Atem versprach: die kuwaitische Herrscherfamilie al-Sabah; sie hält ihre Anteile an dem Bankhaus bis heute.

Dr. Johannes Semler, der 1990 Dr. Heinrich Irmler als Vorsitzender des Aufsichtsrats abgelöst hatte, stand Anfang der 90er-Jahre vor der schwierigen Aufgabe, einen Nachfolger für Michael Hauck zu finden. Der Seniorchef zog sich aus Altersgründen langsam aus dem aktiven Geschäft zurück. Der neue Bankier sollte in der Lage sein, den gewohnten und unverzichtbaren Stil einer konservativ, diskret und verlässlich agierenden Privatbank auch ohne operative Beteiligung eines Mitglieds der Gründerfamilie weiterzuleben. Semler fand diese Person in Professor Jörg-Engelbrecht Cramer, der am 1. Oktober 1993 als persönlich haftender Gesellschafter die Aufgabe des Sprechers der Geschäftsleitung übernahm.

Georg Hauck & Sohn war damals eine der ersten Adressen im privaten wie institutionellen Vermögensmanagement, zudem war das Haus im Wertpapiergeschäft

1970 zog Georg Hauck & Sohn von seinem Stammsitz in der Neuen Mainzer Straße 30 buchstäblich um die Ecke in die Kaiserstraße 24. Das Gebäude war zuvor von der Deutschen Bank und noch früher von den Adlerwerken genutzt worden.

traditionell sehr aktiv. In guten Börsenjahren führte das zu auskömmlichen Provisionserlösen, die jedoch in volatilen Zeiten merklich nachgeben konnten. Um das Bankhaus auf ein breiteres Ertragsfundament zu stellen, hatte der langjährige Wegbegleiter Michael Haucks, Axel Schütz, schon 1973 die Initiative zur Gründung einer Tochtergesellschaft in Luxemburg ergriffen – als eine der ersten deutschen Privatbanken überhaupt. Georg Hauck & Sohn Banquiers Luxembourg nutzte, wie viele andere am dortigen Finanzplatz ansässige Adressen, den größeren Spielraum, den die luxemburgischen Rahmenbedingungen damals beim Wertpapiergeschäft und bei der Kreditvergabe im europäischen Wirtschaftsraum boten. Zugleich etablierte das Bankhaus unter dem Namen „Bastei" in Zürich eine schweizerische Vermögensverwaltungstochter.

Eine weitere Ertragsquelle neben dem gehobenen Privatkundengeschäft erschloss sich die Bank 1995 mit einer neuen Kundengruppe, den unabhängigen Vermögensverwaltern. Unabhängige Vermögensverwalter sind Kundenberater oder Vermögensverwalter, die aus einem Angestelltenverhältnis meist bei großen Banken in die Selbständigkeit wechseln. Die weitsichtige Strategie von Professor Cramer machte aus Wettbewerbern um denselben Zielkunden Kooperationspartner. Denn Georg Hauck & Sohn bot ihnen die Infrastrukturdienstleistungen einer im Wertpapiergeschäft verankerten Privatbank an und unterstützte sie zunächst zusammen mit seiner Beteiligung Universal Investment, später mit der Hauck & Aufhäuser Investment Gesellschaft (HAIG) in Luxemburg bei der Konzeption und Auflage sogenannter Private-Label-Fonds. In dem Geschäft mit Vermögensverwaltern ist das Haus heute marktführend: Rund ein Drittel der in Deutschland zugelassenen unabhängigen Vermögensverwalter nehmen Infrastruktur- und Beratungsdienstleistungen von Hauck & Aufhäuser in Anspruch.

Im Jahr 1996 konnte Georg Hauck & Sohn auf eine 200-jährige Tätigkeit als unabhängige Privatbank zurückblicken. Das Haus feierte dieses Jubiläum mit Stolz – und

KAPITEL 7

Das Wertpapiergeschäft spielte traditionell sowohl bei Georg Hauck & Sohn als auch bei H. Aufhäuser eine große Rolle. Seit 1970 unterhielt das Münchener Bankhaus sogar eine eigene Niederlassung am wichtigsten deutschen Börsenplatz, in Frankfurt. Expertengespräch im Handelsraum von Hauck & Aufhäuser (von links): der langjährige Chefhändler Fidel Helmer, Asset Manager Claus Weber und Rentenhändler Thomas Philipp (mit dem Rücken zum Betrachter).

gleichzeitig mit jener Bescheidenheit, die man von der Gründerfamilie kannte. Gesellschafter, Gremien und ausgewählte Gäste waren am 25. Januar 1996 zu einem Festakt in die Räume der Frankfurter Gesellschaft geladen. Als Glanzlicht der Feierlichkeiten organisierte das Haus die viel beachtete Ausstellung „Frühislamische Kunst" im damaligen Museum für Kunsthandwerk; die Exponate stammten aus dem Besitz der kuwaitischen Familie al-Sabah.

HAUCK & AUFHÄUSER PRIVATBANKIERS

Schon ein Jahr nach dem 200-jährigen Jubiläum befand sich Georg Hauck & Sohn in Verhandlungen mit H. Aufhäuser. 1998 enstand dann ein Bankhaus, das – durch die Fusion gestärkt – an zwei Finanzplätzen tätig und im Markt deutlich sichtbar war: Hauck & Aufhäuser Privatbankiers, eine führende Adresse für anspruchsvolle Bankdienstleistungen.

DER WEG ZU EINER BANK VON UNTERNEHMERN FÜR UNTERNEHMER

Die Entscheidung war mit vollem Einverständnis der Gesellschafter und Komplementäre und auch vergleichsweise rasch getroffen worden; sie fiel bereits im Oktober 1996. Die Fusionsverhandlungen erstreckten sich dann über das gesamte Folgejahr. Sie beschränkten sich auf den engsten Direktorenkreis, wurden in aller Stille vorangetrieben und von sämtlichen Beteiligten so diskret geführt, dass ein gutes halbes Jahr nichts davon an die Öffentlichkeit drang.

Am 16. April 1997 meldete zunächst der Münchner Merkur: „Aufhäuser mit Hauck", einen Tag später die Frankfurter Allgemeine Zeitung: „Hauck und Aufhäuser prüfen Zusammenarbeit". Mit einem guten Schuss Lokalpatriotismus nannten beide Zeitungen das jeweils ortsansässige Institut an erster Stelle.

Zum 20. Juli luden beide Geschäftsführungen die leitenden Mitarbeiter zu einem „Get-together" nach Feuchtwangen in Mittelfranken ein – der Ort liegt genau auf halber Strecke zwischen Frankfurt und München. Dort lernte man sich auf einer gemeinsamen Wanderung und anschließender Einkehr im Gasthof Walkmühle bei „Fränkischer Hochzeitssuppe" und anderen regionalen Spezialitäten näher kennen. Streng paritätischen Maßstäben hielt die Lokalität indes nicht stand, hatten doch die Münchener einen um genau 14 Kilometer längeren Anfahrtsweg. Glücklicherweise überschritten die nicht ausbleibenden Irritationen während des folgenden Integrationsprozesses niemals das Maß dieser Reizschwelle.

Dass es sich beim Zusammenschluss von Georg Hauck & Sohn und H. Aufhäuser zu Hauck & Aufhäuser Privatbankiers um einen Glücksgriff handelte, erschließt sich nicht erst im Nachhinein – es war allen Beteiligten sehr schnell klar. Zwei alteingesessene Privatbankhäuser mit einem ähnlichen Profil, mit derselben anspruchsvollen Zielkundschaft und mit vergleichbaren organisatorischen Strukturen hatten sich gefunden. Vor allem aber harmonisierte das Wertgefüge. Beide Häuser hatten dieselbe Unternehmensphilosophie: eine über Jahrhunderte gewachsene, klare Vorstellung

KAPITEL 7

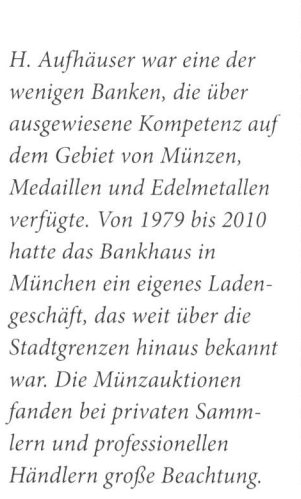

H. Aufhäuser war eine der wenigen Banken, die über ausgewiesene Kompetenz auf dem Gebiet von Münzen, Medaillen und Edelmetallen verfügte. Von 1979 bis 2010 hatte das Bankhaus in München ein eigenes Ladengeschäft, das weit über die Stadtgrenzen hinaus bekannt war. Die Münzauktionen fanden bei privaten Sammlern und professionellen Händlern große Beachtung.

von Verbindlichkeit, Verlässlichkeit und Kundenorientierung, kurz: ein identisches Verständnis der Rolle einer traditionell geführten Privatbank.

Hinzu kommt, dass sich die Partner – Professor Jörg-Engelbrecht Cramer und Peter Gatti auf Frankfurter sowie Helmut Schreyer und Dr. Alfred Junker auf Münchener Seite – in der strategischen Ausrichtung des gemeinsamen Hauses von Beginn an einig waren. Wachstum um jeden Preis wollte niemand; jeder wusste, dass Größe in diesem durch persönliches Vertrauen geprägten Geschäft hinderlich sein konnte. Deshalb legte man sich im Interesse der Nähe zum Kunden Beschränkungen auf: Eine Obergrenze von rund 5.000 Kunden wurde definiert, die mit nicht mehr als rund 500 Mitarbeitern sehr individuell betreut werden sollten. Neben den Hauptstandorten Frankfurt und München sollte es kein Filialgeschäft geben. Das Ziel war die Qualitätsführerschaft, wobei sich Hauck & Aufhäuser ganz bewusst nicht als Erstbankverbindung verstand, sondern als Haus für die komplexeren Fragestellungen, denen mit individuellen Lösungen begegnet wurde.

Außerdem gaben die Partner der Bank eine funktionale Organisationsstruktur, einzelne Aufgaben wurden im Wesentlichen entweder nach Frankfurt oder nach München verlagert. Der Aktien- und Rentenhandel sowie das Geschäft mit den unabhängigen Vermögensverwaltern wurden in Frankfurt betrieben. An diesen juristischen Hauptsitz des Unternehmens zog auch ein Großteil der Verwaltung. In München, wo das Haus übrigens bis 2010 eine renommierte Münz- und Edelmetallhandlung unterhielt, konzentrierte man unter anderem den Derivatehandel, das Institutionelle Asset Management und das Research. Die privaten und unternehmerischen Kunden des Hauses wurden gleichermaßen in Frankfurt und in München betreut.

Was die Gesellschafterverhältnisse anbelangt, so hielten die beiden großen institutionellen Investoren, die Bayerische Landesbank gemeinsam mit der Allianz, weiterhin rund 50 Prozent des Kommanditkapitals. Noch einmal wurden Überlegungen angestellt, das fusionierte Institut komplett zu veräußern, doch diese Option stieß weder bei den Partnern noch bei den Gremien auf Zustimmung. Absehbar war allerdings der Umstand, dass beide großen Gesellschafter mit ihrer Beteiligung auf die Dauer nicht glücklich werden würden.

Ende der 90er-Jahre begann die Allianz deshalb damit, ihr Engagement bei Hauck & Aufhäuser infrage zu stellen. Die Strategie des Versicherungskonzerns hatte sich weiterentwickelt, mit Einführung der elektronischen Handelssysteme Xetra und Eurex war man auch nicht mehr auf einen physischen Börsenzugang angewiesen. Zudem stellte die Allianz andere Anforderungen an künftige Bankpartner, als sie eine Privatbank von überschaubarer Größe zu erfüllen vermochte. Neben den beiden institutionellen Adressen, der WWK-Lebensversicherung und der MV-Versicherungsgruppe, konnten dank des guten Rufes, den sich das Haus erworben hatte, auch

KAPITEL 7

mehrere Familien aus dem Kunden- und Freundeskreis als Gesellschafter gewonnen werden. Die Umplatzierungen fanden zu Beginn des neuen Jahrtausends statt. Neben anderen erwarb der Hanauer Unternehmer Dr. Jürgen Heraeus ein zunächst kleines Aktienpaket, das er zu einem späteren Zeitpunkt substanziell aufstockte.

Das Engagement privater Anteilseigner sollte Folgen haben: Es leitete eine Neuordnung des Gesellschafterkreises ein, die 2010 ihren Abschluss fand und an deren Ende das Selbstverständnis von Hauck & Aufhäuser als „Bank von Unternehmern für Unternehmer" stehen sollte.

BANK VON UNTERNEHMERN FÜR UNTERNEHMER

Mit dem Ausscheiden der letzten institutionellen Gesellschafter im Jahr 2010 ist Hauck & Aufhäuser wieder vollständig in Privatbesitz. Das Bankhaus gehört heute namhaften Unternehmern und Unternehmerfamilien sowie Mitgliedern der Gründerfamilie Hauck und deren Nachfolgern. Weitere Anteile halten die persönlich haftenden Gesellschafter.

Auf der Grundlage des Komplementär- oder PhG-Prinzips, also der Koppelung von Risiko und Haftung aufseiten der Geschäftsleitung, begann Hauck & Aufhäuser zu Beginn des neuen Jahrtausends, sein Profil als Privatbank sehr viel stärker zu akzentuieren. Strategisches Ziel war eine Bank, die neben der privaten Vermögensberatung gleichzeitig Dienstleistungen anbot, die sich an Unternehmerkunden richteten; dazu gehörten neben der Finanzierungsseite für Familienunternehmen ebenso die Bilanzstrukturberatung sowie das Management von Zins-, Währungs- und Rohstoffrisiken. Dr. Volker van Rüth (bis 2010) und Michael Schramm, die 2006 zu persönlich haftenden Gesellschaftern ernannt wurden, trieben diese Entwicklung weiter voran.

DER WEG ZU EINER BANK VON UNTERNEHMERN FÜR UNTERNEHMER

Im Zuge der Erweiterung der Geschäftsleitung schickte sich das Haus auch an, die Eigentümerverhältnisse neu zu ordnen. 2007 und in den Folgejahren schieden sukzessive die Bayerische Landesbank, die MV-Versicherungsgruppe und die WWK-Lebensversicherung als Gesellschafter aus. Die Minderheitsbeteiligungen ohne klaren strategischen Hintergrund waren für die Konzerne nicht mehr zeitgemäß. Hauck & Aufhäuser auf der anderen Seite hielt nach Anteilseignern Ausschau, die zum Charakter des Hauses und zum Konzept der „Unternehmerbank" passten. Der ehemalige Bundesbankpräsident Professor Hans Tietmeyer, der 2004 den Vorsitz des Aufsichtsrats übernahm und bis 2011 innehatte, begleitete das Haus mit großer Souveränität durch diese nicht immer ruhigen Zeiten.

Noch heute steht Hauck & Aufhäuser in der Tradition jener unternehmerischen Kaufmannsbankiers von damals, die im besten Sinne unabhängig, verantwortungsvoll und wertkonservativ handelten – für das Vermögen ihrer Kunden ebenso wie für ihr eigenes Haus. „Ahnengalerie" in der sechsten Etage des Bankhauses in der Frankfurter Kaiserstraße 24.

Über die Hälfte des Kapitals stand zur Disposition. Nach Gesprächen mit mehreren Unternehmern und Unternehmerfamilien wurde es in den Folgejahren unter anderem bei den Industriellenfamilien Heraeus und Mast/Jägermeister sowie bei den Unternehmern Hansjakob Müller (Renolit) und Frank Asbeck (Solarworld) platziert.

2010 war dieser Prozess abgeschlossen: Unternehmer ersetzen nun die institutionellen Investoren. Der vollständig private und größtenteils unternehmerische Gesellschafterkreis gewährleistet nicht nur die Unabhängigkeit des Bankhauses, er ist auch die Grundlage dafür, dass sich das Haus im Markt glaubwürdig als „Bank von Unternehmern für Unternehmer" positionieren kann. Konsequenterweise wurde die Dienstleistungspalette um Transaktionsberatung (Mergers & Acquisitions, M & A) sowie um ein institutionelles Research mit Fokus auf mittelständische, börsennotierte Gesellschaften erweitert. Gleichzeitig begann das Bankhaus, neben den traditionellen Stammsitzen Frankfurt und München neue Niederlassungen und Repräsentanzen in Deutschland (Hamburg, Düsseldorf, Köln) und an internationalen Finanzplätzen (Wien, Paris, London) zu etablieren.

Diesen Veränderungsprozess hat Michael Schramm maßgeblich beeinflusst, der 2010 zum Sprecher der Geschäftsleitung berufen wurde; eine Position, die es seit dem Ausscheiden von Professor Jörg-Engelbrecht Cramer 2004 nicht mehr gegeben hatte. Zum Ende desselben Jahres wurde Jochen Lucht persönlich haftender Gesellschafter. Er übernahm die Verantwortung für die Back-office- und Marktfolgebereiche – Themen, die in einer modernen Bankorganisation von den Kundenbereichen, die Michael Schramm verantwortet, getrennt geführt werden. Michael O. Bentlage leitet als Partner die Geschäftsfelder Unabhängige Vermögensverwalter, Institutionelle Kunden, Treasury und Handel.

DER WEG ZU EINER BANK VON UNTERNEHMERN FÜR UNTERNEHMER

Hauck & Aufhäuser Privatbankiers ist ein Spezialist in der Nische. Im Firmenkundengeschäft und als Verwalter großer Vermögen für Privatkunden hat sich die Bank einen Namen gemacht; doch mittlerweile steht ihr Geschäftsmodell fest auf einer breiteren Basis: Das Haus ist zudem Finanz- und Beratungspartner für Unternehmer, Unternehmen, unabhängige Vermögensverwalter und institutionelle Investoren. Die Dienstleistungspalette reicht von der klassischen Vermögensverwaltung über Bereiche wie das Institutionelle Asset Management und das kapitalmarktnahe Beratungsgeschäft für mittelständische Unternehmen bis zur Fondsadministration für unabhängige Vermögensverwalter. Heute wie 1796 ist das Bankhaus unabhängig; es verfolgt keine Konzerninteressen, sondern stellt die Interessen seiner Kunden in den Mittelpunkt der täglichen Arbeit.

Der Partnerkreis von Hauck & Aufhäuser Privatbankiers im Jahr 2011 (von links nach rechts): Jochen Lucht (phG), Michael Schramm (phG und Sprecher der Geschäftsleitung), Michael O. Bentlage.

KAPITEL 8

Professor Hans Tietmeyer zum 80. Geburtstag

EMPFANG ZU EHREN UNSERES
LANGJÄHRIGEN AUFSICHTSRATSVORSITZENDEN

Mehr als 300 Gäste waren am 12. September 2011 in den Festsaal des Campus Westend der Frankfurter Goethe-Universität gekommen, um den 80. Geburtstag von Professor Hans Tietmeyer zu feiern. Zu Ehren des früheren Bundesbankpräsidenten, der von 2004 bis 2011 dem Aufsichtsrat von Hauck & Aufhäuser vorsaß, hatten die Partner des Bankhauses eingeladen.

Der Abend stand ganz im Zeichen Europas. Dazu trug auch die Philharmonie der Nationen unter Leitung von Professor Justus Frantz bei: Die Musiker aus mehr als 40 Nationen demonstrierten, wie musikalisch funktioniert, was in Europa seit Beginn der Finanzmarktkrise politisch und wirtschaftlich manchmal vermisst wurde: ein harmonisches Zusammenspiel. Im Mittelpunkt des Abends aber standen zwei gleichermaßen überzeugte wie überzeugende Europäer: Hans Tietmeyer, der Gewürdigte, und Bundespräsident a. D. Horst Köhler, der Laudator seines einstigen Vorgesetzten im Bundesfinanzministerium.

Horst Köhler plädierte leidenschaftlich für den europäischen Zusammenhalt und für die Gemeinschaftswährung: „Wir sollten für den Euro kämpfen", rief er den Gästen zu. Hans Tietmeyer stimmte ein: „Ich bin nach wie vor der Überzeugung, dass der Euro die richtige Weichenstellung war" – auch wenn er einräumte, dass im Nachhinein nicht alles so gelungen sei, wie man es damals bei der Einführung des Euro gewollt habe.

PROFESSOR HANS TIETMEYER ZUM 80. GEBURTSTAG

Michael Schramm, der Sprecher der Geschäftsleitung, dankte dem langjährigen Aufsichtsratsvorsitzenden Hans Tietmeyer für seine „professionelle Gelassenheit" und die „sichere Hand", mit der er das Bankhaus in den Zeiten der Finanzkrise begleitet habe. Im Mai 2011 hatte Professor Hans Tietmeyer den Aufsichtsratsvorsitz an Wolfgang Deml weitergegeben.

„Wir sollten für den Euro kämpfen", rief Bundespräsident a. D. Horst Köhler (links oben) als Laudator den Festgästen zu. Dennoch hatte Hauck & Aufhäuser als „Ersatzwährung" vorsorglich Silbermünzen mit dem Porträt von Hans Tietmeyer prägen lassen. Michael Schramm gratulierte dem Jubilar und überreichte ihm einen „silbernen Tietmeyer" (rechts oben), den auch alle Gäste als kleine Erinnerung erhielten. Musiker der Philharmonie der Nationen unter der Leitung von Justus Frantz (Foto unten) sorgten mit Werken von Mozart und Tschaikowsky für den festlichen Rahmen.

KAPITEL 7

Fairness, Solidität und Zuverlässigkeit

MICHAEL HAUCK SPRICHT ÜBER TRADITION, DIE TUGENDEN DES
PRIVATBANKIERS UND DIE ZUKUNFT DER KLEINEN BANKHÄUSER

Herr Hauck, Sie sind Spross einer Frankfurter Bankiersdynastie, die sich bis auf ihren Vorfahren Friedrich Michael Hauck (1769 bis 1839) zurückführen lässt. Über das von ihm gegründete Unternehmen ist in einer alten Familienchronik zu lesen: „Durch Sachkenntnis, Thätigkeit und peinliche Gewissenhaftigkeit in den Geschäften gelangte die Firma zu großem Ansehen." Ihr Großvater Otto Hauck (1863 bis 1934) war Präsident der Frankfurter Handelskammer und Mitglied in 15 Aufsichtsräten. Sie sind im Jahr 1956 als geschäftsführender Partner in Ihre Bank eingetreten. Was hat Ihnen die Tradition Ihres Hauses bedeutet?
Die Tradition hat mich zunächst einmal in meinen Beruf gebracht, weil ich schon früh eine Verpflichtung gespürt habe. In der Volksschule habe ich meinen Freunden

Michael Hauck, Ehrenvorsitzender von Hauck & Aufhäuser Privatbankiers. Foto aus dem Jahr 2007.

FAIRNESS, SOLIDITÄT UND ZUVERLÄSSIGKEIT

gesagt: „Ihr dürft einmal werden, was ihr wollt. Ich muss Bankier werden." Kurz nachdem ich aus Kriegsgefangenschaft zurückgekommen bin, ist dann mein Vater gestorben. Danach stand es für mich und meine Familie außer Frage, dass ich in die Bank eintrete. Zuvor aber habe ich das Geschäft bei Banken in Deutschland, Frankreich und den Vereinigten Staaten von der Pike auf gelernt. Dabei habe ich handwerkliches Können als für den Bankier wichtig akzeptiert. Zwischen 1946 und 1956 war kein Mitglied der Familie Hauck in der aktiven Führung unserer Bank vertreten.

Haben Sie Ihre Berufswahl jemals bereut?
Nein, denn die 40 Jahre sind ja auch einigermaßen gut abgelaufen. Aber es ist schon wahr, dass ein ererbter Beruf auch eine Bürde sein kann.

Haben Sie von der Tradition Ihres Hauses profitiert?
Das habe ich auch getan, aber kein Unternehmer kann lange allein von den Lorbeeren früherer Generationen leben. Der Privatbankier muss seine Tradition pflegen, aber gleichzeitig für Neues offen sein. Manches geht auch im Lauf der Zeit verloren. Das muss man akzeptieren.

Woran denken Sie dabei?
Als ich jung war, bildeten die Privatbankiers einen wichtigen Teil der Frankfurter Bürgergesellschaft. Viele Bankiers wohnten am Schaumainkai, der im Volksmund deshalb gern als „Schaumweinkai" bezeichnet wurde. Manche waren untereinander befreundet, einige auch miteinander verwandt. Zum guten Ton gehörte es damals, sich gegenseitig weder Kunden noch Mitarbeiter abzuwerben; stattdessen hat man sich in Notfällen gegenseitig diskret geholfen. Als ich in den 50er-Jahren in das Bankhaus Georg Hauck & Sohn eintrat, machte ich bei den anderen Banken Antrittsbesuche, und ich wurde überall freundlich empfangen. Damals war es noch üblich, dass ein Privatbankier einen Portier beschäftigte. Ein Bankier lud mich lange nach Geschäftsschluss ein, damit ich nicht merkte, dass er sich keinen Portier mehr leisten

wollte. Solche schönen Geschichten gibt es heute wohl nicht mehr, denn es gibt ja auch nur noch wenige Privatbankiers.

Sie klingen ein wenig melancholisch, wenn Sie von dieser Zeit erzählen.
Das ist völlig normal in meinem Alter. Aber die Grundsätze des Geschäfts der Privatbankiers haben sich glücklicherweise nur wenig verändert.

Denken Sie an eine Ethik des Privatbankiers?
Ich schätze das Wort Ethik nicht so sehr, weil es meines Erachtens unscharf ist. Ich spreche lieber von den ungeschriebenen Spielregeln in unserem Gewerbe.

Was sind die Spielregeln eines Privatbankiers?
Der Privatbankier darf nicht kurzfristig handeln, sondern er muss auf Dauerhaftigkeit achten. Der Kunde steht eindeutig im Zentrum seines Geschäftsmodells; der Bankier sollte eine sehr persönliche und vertrauensvolle Beziehung zu seinen Kunden haben. Fairness, Solidität und Zuverlässigkeit bleiben unveränderliche Eigenschaften in unserem Gewerbe. Und wenn man auf eine mehr als 200 Jahre alte Unternehmensgeschichte zurückblickt, hat man eine sehr konservative Einstellung gegenüber dem Risiko.

In der Branche wird viel von Solidität und Seriosität gesprochen. Was bedeuten diese Werte für Sie?
Natürlich sollte der Bankier auf solide Verhältnisse achten. Aber was heißt solide? Die Proportionen von Risiko und Kosten – besonders von Fixkosten – sollten mit den eigenen Mitteln und dem Ertrag im Einklang sein. Das Gleiche gilt für den persönlichen Lebensstil. Zu meinen Grundsätzen gehörte auch ein gutes Verhältnis zu den Medien: Ich habe immer versucht, zu viel Publicity genauso zu vermeiden wie zu wenig.

FAIRNESS, SOLIDITÄT UND ZUVERLÄSSIGKEIT

Michael Hauck, Ölporträt aus dem Jahr 1994.

KAPITEL 7

Zählt nicht auch die Unabhängigkeit zu den Eigenschaften eines Privatbankiers?
Die Unabhängigkeit des Privatbankiers ist zweifellos sehr wichtig und bildet für den Kunden einen großen Vorteil. Das steht völlig außer Frage. Trotzdem muss ich eine Einschränkung machen: Der Privatbankier ist gerade im Interesse seiner Kunden nicht frei von den Entwicklungen des Marktes, in dem er sich bewegt. Ein Bankier muss sich seiner Tradition bewusst sein, aber er muss, um den Kunden möglichst gut beraten zu können, sich auch an die Entwicklungen seiner Umwelt anpassen. Sonst wird er sich nicht im Markt halten. So hat die kritische Größe, die eine Bank aufweisen muss, im Laufe der Zeit zugenommen. Das gilt nicht nur für das Kreditgeschäft, sondern auch für das Beratungsgeschäft. Das Bankhaus Hauck hat auf diese Herausforderungen durch den Zusammenschluss mit dem Bankhaus Aufhäuser angemessen reagiert.

Sie haben sich als Privatbankier wohl auch immer als Unternehmer verstanden, nicht als Manager.
Der Privatbankier ist ein Unternehmer. Ich bin als Partner in die Bank eingetreten, ich habe mich niemals als Manager verstanden. Während meiner Ausbildung hat mir einmal ein Angestellter der Bank, bei der ich lernte, gesagt, als ich einen Fehler bei einem Letter of Credit gemacht hatte: „Du bist so schlecht, dass Du nur als Partner arbeiten kannst." Das haben wir beide sehr komisch gefunden. Natürlich war es auch nicht ernst gemeint. Im Übrigen habe ich nach meiner Lehrzeit mit diesen Themen kaum noch zu tun gehabt. Als Partner ist man immer der Tradition seines Unternehmens verpflichtet. Ein Manager braucht sich nicht um seine Vorgänger zu kümmern.

Gibt es eine besondere Beziehung zwischen dem Privatbankier und seinen Kunden?
Als Privatbankier muss man sich stärker um eine dauerhafte Beziehung bemühen. Ohne engen Kundenkontakt gibt es keinen Privatbankier. Der typische Bankier ver-

kauft keine Produkte; er ist ein Ratgeber seiner Kunden in vielerlei Hinsicht, zum Beispiel auch in Steuer- und Personalfragen oder beim Verkauf eines Unternehmens. Im optimalen Fall arbeitet er als Rundumberater, aber das ist natürlich ein hoher Anspruch, der nur schwer einzulösen ist. Da sich der Privatbankier als Unternehmer versteht, kann er leichter mit einem Unternehmenskunden sprechen, als dies ein Manager könnte. Ich habe mich mit meinem Verständnis von Unternehmen und Eigentum übrigens im Umgang mit Managern nicht immer beliebt gemacht.

Nennen Sie uns ein Beispiel?
Ich habe schon sehr früh die Eigentumsrechte des Aktionärs gegenüber dem Management hochgehalten. Als die deutschen Unternehmen kaum Zahlen veröffentlichen mussten, haben wir im Bankhaus Hauck eine Formel entwickelt, mit deren Hilfe man im Interesse der Aktionäre aus den wenigen veröffentlichten Angaben – insbesondere aus den Steuerzahlen – eines Unternehmens auf seinen Gewinn schließen konnte. Das hat damals vielen Vorständen nicht gefallen. Ein Ruhrbaron wollte die Bank sogar aus dem Emissionskonsortium seines Unternehmens werfen. Aber dazu ist es nicht gekommen, weil die Bank gar nicht in seinem Konsortium vertreten war. Ich erinnere mich noch an einen anderen Fall: Als in einer Hauptversammlung der Hoechst AG ein sehr selbstbewusster Vorstandsvorsitzender sagte, er gewähre im Rahmen einer Kapitalerhöhung den Aktionären ein attraktives Bezugsrecht, habe ich ihm geantwortet, er könne als Manager den Aktionären überhaupt nichts gewähren. Schließlich gehe es um das Geld der Aktionäre. Das kam damals nicht gut an. Heute hat sich meine Auffassung durchgesetzt.

Wie bewahrt der Privatbankier künftig seinen Platz?
Der Privatbankier behält als Berater hoffentlich seinen Platz, wenn er sich an die Spielregeln hält und gleichzeitig auf die Veränderungen in der Wirtschaft achtet. Auch hier sehe ich das Bankhaus Hauck & Aufhäuser auf gutem Wege.

STAMMBAUM DER FAMILIE HAUCK

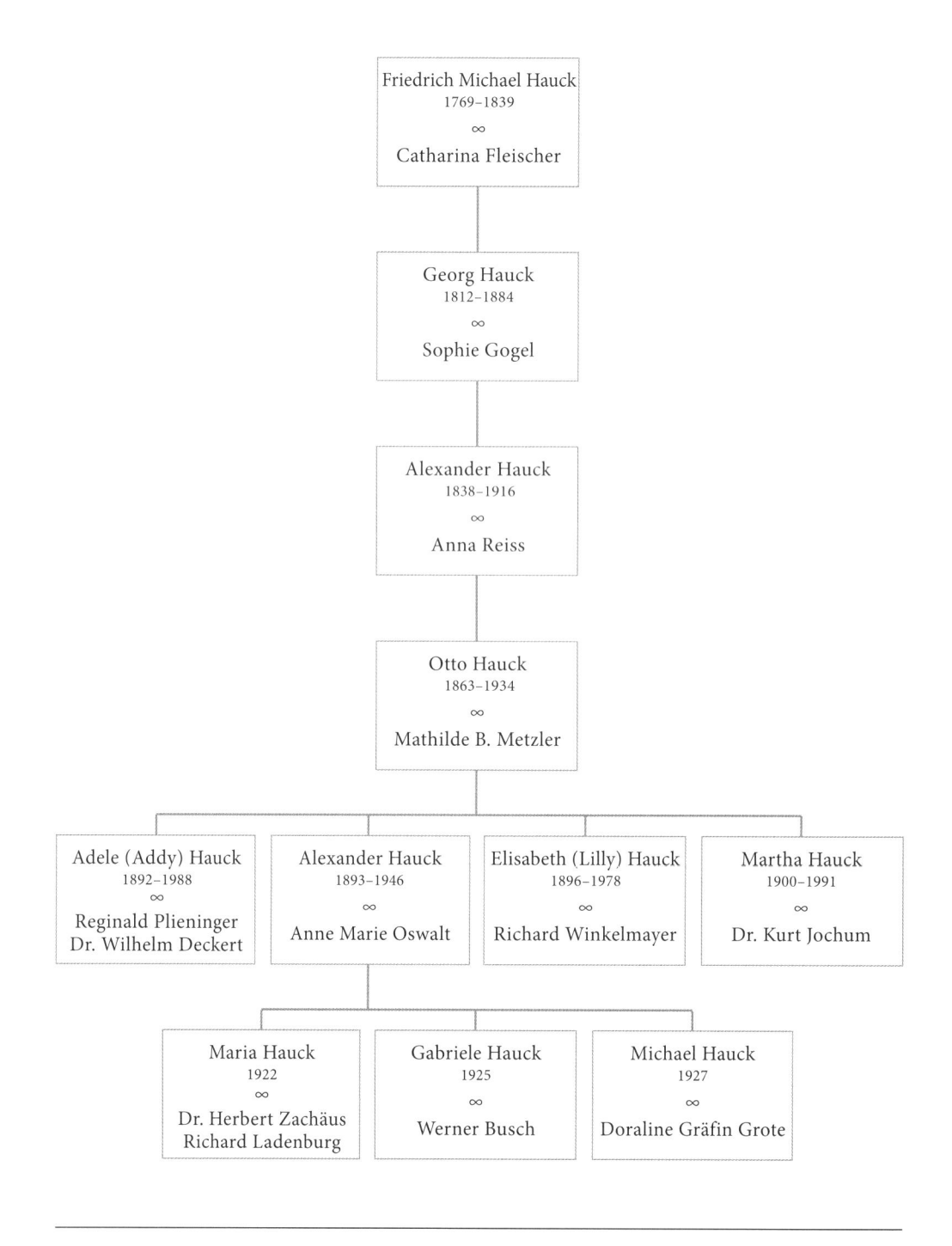

Friedrich Michael Hauck
1769–1839
∞
Catharina Fleischer

Georg Hauck
1812–1884
∞
Sophie Gogel

Alexander Hauck
1838–1916
∞
Anna Reiss

Otto Hauck
1863–1934
∞
Mathilde B. Metzler

- Adele (Addy) Hauck
  1892–1988
  ∞
  Reginald Plieninger
  Dr. Wilhelm Deckert

- Alexander Hauck
  1893–1946
  ∞
  Anne Marie Oswalt

- Elisabeth (Lilly) Hauck
  1896–1978
  ∞
  Richard Winkelmayer

- Martha Hauck
  1900–1991
  ∞
  Dr. Kurt Jochum

- Maria Hauck
  1922
  ∞
  Dr. Herbert Zachäus
  Richard Ladenburg

- Gabriele Hauck
  1925
  ∞
  Werner Busch

- Michael Hauck
  1927
  ∞
  Doraline Gräfin Grote

STAMMBAUM DER FAMILIE AUFHÄUSER

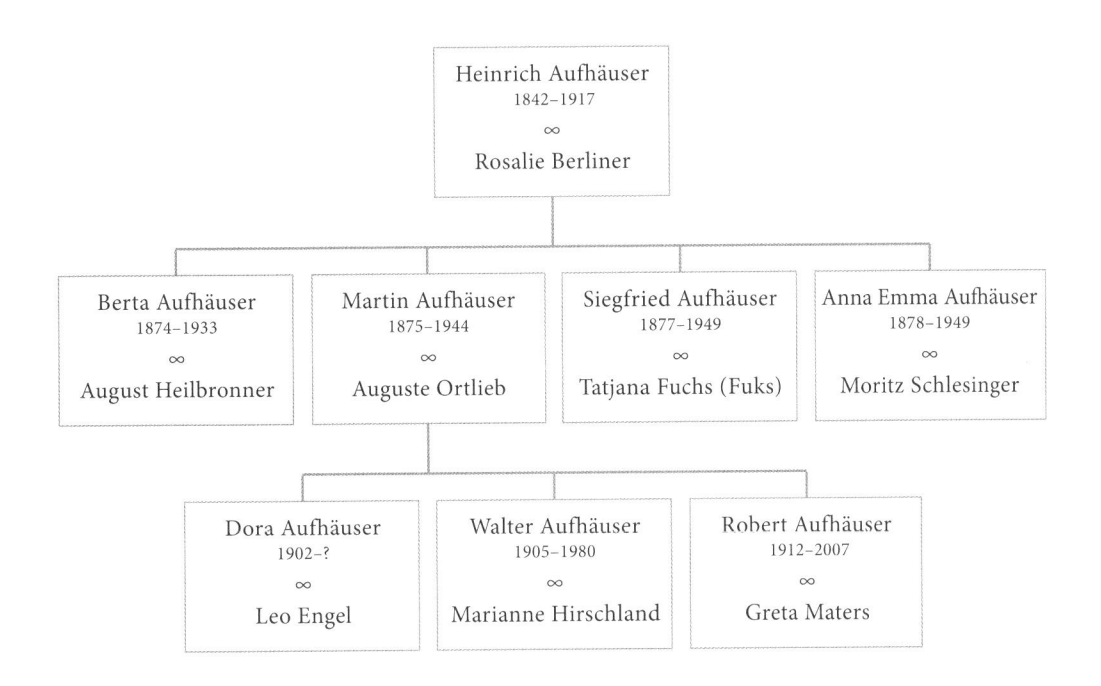

- **Heinrich Aufhäuser**
  1842–1917
  ∞
  Rosalie Berliner
  - **Berta Aufhäuser** 1874–1933 ∞ August Heilbronner
  - **Martin Aufhäuser** 1875–1944 ∞ Auguste Ortlieb
    - **Dora Aufhäuser** 1902–? ∞ Leo Engel
    - **Walter Aufhäuser** 1905–1980 ∞ Marianne Hirschland
    - **Robert Aufhäuser** 1912–2007 ∞ Greta Maters
  - **Siegfried Aufhäuser** 1877–1949 ∞ Tatjana Fuchs (Fuks)
  - **Anna Emma Aufhäuser** 1878–1949 ∞ Moritz Schlesinger

INSTITUTIONEN-/FIRMENREGISTER

A
Adlerwerke 55 f., 174
AEG 51
Agfa 50
Akademie für Sozial- und Handelswissenschaften 147
Allgemeine Deutsche Investmentgesellschaft mbH (ADIG) 137
Allianz 38, 56, 67, 142, 171 f., 179
Allianz Global Investors 137
Allianz Lebensversicherung 130, 142, 171
Anglo Foreign Banking 33
Anglo-Österreichische Bank 33
Arnhold, Gebr. 34, 111
Arons & Walter 34
Auerbach, M. (Bankhaus) 34

B
Baring Brothers & Co. 71
Barclays 71
BASF 50, 129
Basler Handelsbank 33
BAV-Leasing 166
Bayer 50, 114, 129
Bayerische Bodencredit-Anstalt 34
Bayerische Gemeindebank 142, 154, 165, 167
Bayerische Hypotheken- und Wechselbank 34, 61, 71
Bayerischer Kassenverein 137
Bayerische Landesbank 142, 167 ff., 179, 181
Bayerische Notenbank 34
Bayerische Staatsbank 137
Bayerische Vereinsbank 34, 108, 168
Bayernwerk 172
Berg- und Metallbank 53, 55
Berliner Börse 121
Berliner Handels-Gesellschaft 24, 78
Bethmann, Gebr. 14, 17, 44, 78
Bleicherdefabriken (Süd-Chemie) 114
Bleichröder, S. (Bankhaus) 66 ff., 79, 111, 114
BMC 134 f.
BMW 38
Brown, Boveri & Cie. (BBC) 50 ff.

C
Centrale de Livraison de Valeurs Mobilières (CEDEL) 138
Centrale für private Fürsorge (Bürgerinstitut) 52, 150 f., 159
Chase Manhatten Bank 167, 169
Citroën 135
Cominvest Asset Management 137
Commerzbank 31, 61, 70, 165
Coutts & Co. 71
Crédit Lyonnais 33

D
Darmstädter Bank (Darmstädter und National Bank (DANAT)) 34, 75, 78, 83
Delbrück & Co. 138
Deutsche Bank 31, 34, 56 f., 75, 104, 132
Deutsche Bundesbank 20
Deutsche Börse 20, 56
Deutsche Centralbodenkredit-AG 48 f.
Deutsche Gesellschaft für Wertpapiersparen (DWS) 132
Deutsche Golddiskontbank 61
Deutsche Phönix 56
Deutscher Zollverein 25 f.
Deutsche Vereinigung für Finanzanalyse und Asset Management (DVFA) 134
Disconto-Gesellschaft 34, 121
Dresdner Bank 31, 34, 75
Dreyfus, J. & Co. 111

E
Erzbischöfliche Finanzkammer München und Freising 167
Europäische Zentralbank 20
European Federation of Financial Analysts Societies (EFFAS) 135

F
Farbwerke Hoechst 18, 46, 49 f., 56, 64, 129, 150, 191
Fides Vermögensbetr.- und Verwaltungs-GmbH 136

INSTITUTIONEN- / FIRMENREGISTER

Franco-Österreichische Bank 33
Frankfurter Bank 25, 45
Frankfurter Hypothekenbank 24, 48 f., 106
Frankfurter (Industrie) und Handelskammer 19, 25 ff., 56, 80 f., 83 ff., 95, 102, 186
Frankfurter Kassenverein 24
Frankfurter Lebensversicherungsgesellschaft 56
Frankfurt Rückversicherungs-Gesellschaft 56
Freies Deutsche Hochstift 147

G
Gautsch, Josef (Firma) 117
GEA Group 55
Gemeinnützige Wohnungsfürsorge (GEWOFAG) 153 ff.
Gesellschaft für Christlich-Jüdische Zusammenarbeit 159
Goethe-Universität 25, 147, 184
Gold-Zack 55
Gontard, Heinrich (Bankhaus) 55
Grunelius & Co. 45, 53
Gummiwerk Reinhard Gollert 105
Gutman, Gebr. 34

H
Harris, Forbes & Co. 71
Harthausen, Beamten Erholungsheim 154, 156
Heilmann & Littmann 154
Herlitz 130
Herstatt, I. D. (Bankhaus) 140 ff., 167
Hirschland, Simon (Bankhaus) 111
Hocker & Co. 140
Hüttenwerke Kayser 117

I
I.G. Farbenindustrie 50
Institut für Gemeinwohl 150
Israelitische Kultusgemeinde 41, 136, 151

J
Jado 130

Jameson & Aders 12
J. Henry Schroeder & Co. 71

K
Karstadt, Rudolph (Firma) 78
Kessler, J. Ph. (Bankhaus) 22, 103, 105 f.
KfW Bankengruppe 123
Kleinwort, Sons & Co. 71, 74
Kohn, Anton (Bankhaus) 111
Königliche Filialbank 34
Kunstmühle Tivoli 117
Kurt-Wolff-Verlag 59 f.

L
Ladenburg, E. (Bankhaus) 53
Landesbodencreditanstalt 142, 167
Lazard Brothers & Co. 71
Lazard Speyer-Ellissen 53
Lebrecht (Firma) 56
Levy, A. (Bankhaus) 78
Linde 38
Liquiditäts-Konsortialbank 142
Lloyds Bank 71, 143
Luitpold-Werke 61

M
MAN 38
Mannesmann 134
Mast/Jägermeister 182
Meisenbach, Riffarth & Co. 59
Mendelsohn & Co. 111
Merck, Finck & Co. 33, 111
Mercurbank 33
Messerschmitt 114, 116 f., 164, 167
Metallgesellschaft 18, 50, 52-55, 129, 150, 158
Metallurgische Gesellschaft 53
Metropolitan Trust Company 138
Metzler, B. seel. Sohn & Co. 14, 17 f., 44, 64, 86 ff., 173, 192
Michelin-Reifenwerke 130
M. M. Warburg 78, 111, 171

INSTITUTIONEN-/FIRMENREGISTER

Münchener Börse (Bayerische Börse) 60, 126, 151, 165
Münchener Handelsverein 40, 151
Münchener Industrie- und Handelskammer 124
Mumm, P. H. (Bankhaus) 50
MV-Versicherungsgruppe 179, 181

N
Nordwolle 75
Neumann, I. O. (Bankhaus) 33

O
Oberndoerffer, J. N. (Bankhaus) 28, 41
Oerlikon 51
Oldenbourg-Verlag 59 f.
Oppenheimer, Lincoln M. (Bankhaus) 78
Oppenheim, Sal. jr. & Cie. 78, 173
Orbis-Film 60
Österreichische Kreditanstalt 75

P
Passavant, Gebr. 12
Pfälzer Bank 34
Physikalischer Verein 145 ff.
Possel, L. (Firma) 117
Providentia Lebensversicherungs-AG 56

R
Reichsbank 56, 75, 111, 117, 121, 123
Reichs-Kredit-Gesellschaft 24
Renolit 182
Roth & Nemschitz 33
Rotschild, M. A. (Bankhaus) 14, 18, 44, 71

S
Schmidt-Bank 55
Schmitt & Cie. 33
Schröder, Münchmeyer, Hengst & Co. 143, 168
Senckenbergische Gesellschaft 147

Siemens 38, 51
Solarworld 182
Städel-Museum 22, 96, 148 f.
Stern, Jacob S. H. (Bankhaus) 53, 78
Süddeutsche Holzverzuckerungs-Gesellschaft 113

T
Telefonbau und Normalzeit Lehner & Co. 117
Thomsen, Carlo Z. (Bankhaus) 114
Thomsen & Co. 117
Tierpark Hellabrunn 152 f.
TMW Real Esate Group 138
Trinkhaus & Burkhard 138

U
UBS Deutschland 143
Uher & Co. 117
Uhlmann, A. O. & Co. 33
Universal-Investment 175

V
VEBA 129
Verseidag 130
Volkswagen 129
Von der Mühll 12

W
Wagner & Co. 33
Wamsler, Friedrich (Firma) 58 f.
Weiller, J. J. Söhne 46, 49
Weiss, Jacques (Bankhaus) 33
Weisweiller, Charles (Bankhaus) 33
Wella 130
Wollheim & Weisweiller 33
Wüstenrot Lebensversicherung 130
Wunder & Co. 165
WWK-Lebensversicherung 179, 181

NAMENSREGISTER

A
Abs, Herman J. 74, 123
Aders, Carl 12, 13
Adickes, Franz 147, 158
Adorno, Theodor W. 146
Albert, Johann Valentin 146
al-Sabah (Familie) 173, 176
Arnim, Achim von 12
Arnim, Bettina von 12
Asbeck, Frank 182
Aufhäuser, Auguste 61, 109, 116, 156
Aufhäuser, Dora 116
Aufhäuser, Heinrich 4, 6 f., 29 f., 33 f., 39 ff., 44, 57, 68, 151 f., 156
Aufhäuser, Martin 41, 59 ff., 68 f., 71, 77, 109, 112 ff., 151 f., 162
Aufhäuser, Moses Löw 28
Aufhäuser, Robert 109, 162
Aufhäuser, Siegfried 41, 71, 109, 115 f., 120 ff.
Aufhäuser, Walter 116, 162

B
Baden, Ludwig, Prinz von 173
Bauer, Olga 109
Bayer, Josef 114-118., 121, 124 ff., 136, 162 ff.
Bayer, Rudolf 127, 164 f.
Bell, Graham 146
Beneke, Bodo 114
Bentlage, Michael O. 182 f.
Benz, Carl 55
Berghe von Trips (Graf und Gräfin) 162
Berliner, Anton 41
Berliner, Rosalie 41
Bismarck, Otto von 66
Bleichröder, Gerson von 66
Boveri, Robert 52
Boveri, Walter 51
Brown, Charles E. L. 51
Brinckmann (Familie) 169, 171

Brinckmann, Rudolf 169, 171
Brüning, Heinrich 75
Busch (Familie) 169
Busch-Hauck, Gabriele 94, 96, 98, 149

C
Chest, John 157
Christian, Adolf K.-L. 33
Cramer, Jörg-Engelbrecht 173, 175, 178, 182

D
Dalberg, Karl Theodor 10, 147
Dattel, Dany 140, 142
Deckert (Familie) 169
Deml, Wolfgang 185
Dörnberg, Dirk, Freiherr von 167 f.
Dolivo-Dobrowolsky, Michail von 51

E
Eidenschinck, Georg 124
Erlanger, Raphael von 104
Ernst August Prinz von Hannover Herzog zu Braunschweig und Lüneburg 114, 162

F
Fiehler, Karl 38, 108, 111
Finck, August von 113
Flesch, Karl 150
Flick, Friedrich Karl 164
Foley, Frank 122
Frantz, Justus 184 f.
Fromm, Erich 147

G
Gans, Leo 56
Gartenheim, Wally 109
Gatti, Peter 169, 178
Georg, Stefan 38
Gerling, Hans 140

NAMENSREGISTER

Goerdeler, Karl 121, 123
Göring, Herbert 114
Göring, Hermann 113 f., 116
Goethe, Johann Wolfgang von 6, 21 ff., 105, 146, 171
Grasmann, Max (und Familie) 164
Grünzweig, Lolo 109
Grunelius, Eduard 53
Guaita, Georg Friedrich von 90 f.

H
Hahn, L. Albert (und Familie) 18, 171
Hahn, Walter 119
Halt, Karl, Ritter von 101, 109, 115
Halt, Gretel von 109
Hauck, Alexander 44f., 49 f., 62, 90, 95-99, 102, 105 f., 120, 149 f., 158 f., 171
Hauck, Anne Marie (geb. Oswalt) 106, 119 f., 159
Hauck, August 24, 106
Hauck, Elisabeth (Lilly) 86, 88
Hauck, Ferdinand 13, 16, 24
Hauck, Friedrich Michael 6 ff., 10 ff., 14 f., 21, 25 f., 149, 186
Hauck, Georg 13, 16, 45, 146
Hauck, Georg Heinrich 146
Hauck, Hans Heinrich 24 f., 64
Hauck, Heinrich 24
Hauck, Johann Heinrich 16
Hauck, Mathilde 86 ff.
Hauck, Michael 50, 90, 94, 96, 98, 106, 132-135, 149, 163, 169, 172, 175, 186-191
Hauck, Otto 19, 26 f., 48, 50, 53 ff., 62, 64, 80, 84 ff., 95, 150, 171, 186
Hauck, Philipp 16
Hauck, Sophia Adele (Addy) 88 f.
Hauck-Steeg, Georg Heinrich 14 f.
Heide, Frank 172 f.
Heide, Kurt 106, 159
Heidegger, Martin 90
Helmer, Fidel 176

Heraeus, Jürgen 180, 182
Hermanseckler, Wilhelmine 32
Herstatt, Iwan David 142
Herzog Heinrich der Löwe 36
Herzog Luitpold in Bayern 45, 155
Heydrich, Reinhard 108
Heyse, Paul 38
Hilferding, Rudolf 50
Himmler, Heinrich 108
Hindenburg, Paul von 100
Hitler, Adolf 38, 62, 100 f., 108, 113, 121, 124
Hölderlin, Friedrich 15
Horckheimer, Max 147

I
Irmler, Heinrich 173

J
Jahn, Georg 65
Jameson, Anna 12
Jameson, William 12 f.
Jay, Lutz von Seldeneck 64
Junker, Alfred 178

K
Kadinsky, Wassily 37
Kantorowicz, Ernst 120
Köhler, Horst 184 f.
Kraemer, Emil 115

Kleyer, Heinrich 54 ff.
Kritzler, Ernst 69

L
Ladenburg, Ernst 53
Ladenburg (Familie) 18
Ladenburg, Maria 85, 88, 90 f., 93 f., 97 f., 120
Ladenburg, Richard 90
Lenin, Wladimir 38

Lotz, Martin 133
Lucht, Jochen 182 f.
Lucius, Eugen 150
Ludwig III. von Bayern 41
Luther, Hans 75

M
Mann, Heinrich 38
Mann, Thomas 38, 45
Markgraf von Baden 173
Mast/Jägermeister 182
Max in Bayern 168
Melber, Adolf 14, 22, 103, 106
Melber (Familie) 14
Merck, Heinrich J. 33
Merton, Alfred 53
Merton (Familie) 18
Merton, Richard 120
Merton, Wilhelm 52 f., 147, 150, 158
Messerschmitt, Willy (und Familie) 114, 164
Metzler, Albert (von) 64
Miller, Oskar von 51
Moll, Leonhard 154
Monheim (Familie) 162
Müller, Albrecht 164, 167
Müller, Hansjakob 182

N
Napoleon 6
Neeff, Christian Ernst 146

O
Oberndoerffer, Joel Nathan 28 f.
Oberndoerffer, Samson 28, 30, 41
Oberndorffer, Cäcilie 28
Opel, Adam 55
Ortlieb, Louis 61
Oswalt, August 106, 151, 158 ff., 160 f., 171
Oswalt, Elisabeth 160 f.

Oswalt (Familie) 169
Oswalt, Henry 158

P
Park, Christopher 157
Park, Jong-Min 157
Passavant (Familie) 14
Philipp, Thomas 176
Platz, Georg 10
Platz, Johann Adam 10
Platz, Philipp Jakob Gebhard 10
Pleitgen, Walter 133
Plieninger (Familie) 169

R
Rath, Walther vom 64
Reiss, Adolf 150
Reis, Philipp 146
Reiss, Anna Emilie 102
Reiss, Enoch 102
Reventlow, Franziska von 38
Riedesel zu Eisenbach, Hans, Freiherr von 162
Rilke, Rainer Maria 38
Rothschild (Familie) 18
Rühl, Harald 168
Rüth, Volker van 180

S
Salin, Edgar 171
Schacht, Hjalmar 56, 121
Scharff, Julius 50
Scharlach, Samuel 28 f., 40, 57
Scharnagl, Karl 70
Scheibe, Richard 26 f.
Schiller, Friedrich 6
Schmidt-Polex, Carl 64
Schmutzler, Leopold 77
Schniewind, Otto 116 ff., 120-124
Schramm, Michael 180, 182 f., 185

Schreyer, Helmut 168, 178
Schröder, Kurt, Freiherr von 113
Schroeder, Reinhard C. 171 f.
Schütz, Axel 133, 172, 175
Schwabach, Julius von 66
Schwabach, Paul von 66 f.
Seeger, August 16
Seiler, Friedrich Wilhelm 112, 114 f., 117 f., 124
Semler, Johannes 173
Sonnemann, Leopold 150
Speyer (Familie) 18
Sprenger, Jakob 27
Srbik, Hans Heinrich, Ritter von 164, 167 f.
Städel, (Johann) Friedrich 13, 149
Stöhr, Karl 154
Strohmeyer, Lilly (geb. Michel-Raulino) 114

T
Tann, von der, Baron 164
Thoma, Ludwig 38
Tietmeyer, Hans 181, 184 f.
Tischbein, Johann Heinrich Wilhelm 22
Toerring-Jettenbach, Hans Veit, Graf zu 164

V
Von der Leyen (Familie) 14

W
Warburg, James 78
Warburg, Max 78
Weber, Christian 124
Weber, Claus 176
Weinberg, Arthur von 56
Weisweiller, (Familie) 34
Wertheimber (Familie) 14, 18
Wunder, Wolfgang 164, 168

Z
Zinn, Eberhard 169

BILDNACHWEISE

Bayerisches Wirtschaftsarchiv, München
32, 35, 40, 48, 67, 109, 112, 154 f.

Bpk Bayerische Staatsbibliothek, München, Heinrich Hoffmann 110

Corbis Images 19, 107

Daiichi Sankyo Europe 39

GEWOFAG Gemeinnützige Wohnungsfürsorge AG, München 153

Hauck & Aufhäuser Unternehmensarchiv, Frankfurt am Main 8, 11, 13, 20, 26, 74, 76 f., 85, 87 (unten), 91, 93, 97, 103, 119, 121, 125, 127, 130, 133 f., 139, 143, 157, 160 f., 163, 166, 170, 172, 174, 176, 178, 181, 183 f. (Markus Goetzke), 187

Historisches Museum Frankfurt am Main 15

Institut für Stadtgeschichte, Frankfurt am Main 42, 54, 104

Klassik Stiftung Weimar, Goethe- und Schiller-Archiv, Weimar 23

Münchner Stadtmuseum/Franz Schiermeier Verlag, München 43

Nico Braas Collection 117

Physikalischer Verein Frankfurt 145

Privatbesitz, München 152

Privatbesitz Michael Hauck/Familie Hauck, Frankfurt am Main 48, 85 f., 87 (oben), 88 f., 94 f., 98

Privatbesitz Rudolf Asam, München 71

Stadt-Archiv München 29, 30

Städel-Museum, Frankfurt am Main – Artothek 22, 148

Wissenmedia 37

Alle Angaben zu den Bildrechten wurden mit großer Sorgfalt überprüft. Dennoch war es nicht in allen Fällen möglich, die Rechteinhaber ausfindig zu machen. Mögliche Ansprüche werden im Rahmen der üblichen Vereinbarungen abgegolten.

LITERATURVERZEICHNIS

Archive

Bayerisches Wirtschaftsarchiv, München

Bundesarchiv, Berlin/Koblenz

Hauck & Aufhäuser Unternehmensarchiv, Frankfurt am Main

Hessisches Wirtschaftsarchiv, Darmstadt

Institut für Stadtgeschichte, Frankfurt am Main

Stadtarchiv, München

Literatur

Achterberg, Erich: Frankfurter Bankherren. Frankfurt a. M. 1971, 2. Auflage

Baehring, Bernd: Börsen-Zeiten. Frankfurter Wertpapierbörse 1585–1985. Frankfurt a.M. 1985

Balbaschewski, Marc: Die Pfund-Anleihe Münchens 1928. Kommunale Verschuldung, internationaler Kapitalmarkt und Politik, in: Bankhistorisches Archiv. Banking and Finance in Historical Perspective, 33. Jahrgang (1/2007), S. 3–37. (s.a. Heft 1/2010)

Bauer, Richard: Geschichte Münchens. München 2008

Bauer, Richard/Michael Brenner (Hg.): Jüdisches München. München 2006

Baumann, Angelika/Andreas Heusler (Hg.): München arisiert. Entrechtung und Enteignung der Juden in der NS-Zeit. München 2004

Frankfurter Historische Kommission (Hg.): Frankfurt am Main. Die Geschichte der Stadt in neun Beiträgen. Sigmaringen 1991

Förster, Christina M.: Der Harnier-Kreis. Widerstand gegen den Nationalsozialismus in Bayern. Paderborn u.a. 1996

Friedländer, Saul u.a.: Das Dritte Reich und die Juden. 2 Bde. München 2000/2006

Gall, Lothar (Hg.): Die Deutsche Bank 1870-1995. München 1995

Gribl, Doris: Prominenz in Bogenhausen. Villen und ihre berühmten Bewohner. München 2009

Georg Hauck & Sohn (Hg.): Wägen und Wagen. Gedanken und Wirken eines Privatbankiers in zwei Jahrzehnten. Kurt Heide und seinen Freunden gewidmet. Darmstadt 1966

Hauck, Michael: Kompost. Veröffentlichungen und Vorträge aus vier Jahrzehnten. Frankfurt a.M. 1997

Hoffmann, Gabriele: Max M. Warburg. Hamburg 2009

LITERATURVERZEICHNIS

Holtfrerich, Carl-Ludwig: Finanzplatz Frankfurt. Von der mittelalterlichen Messestadt zum europäischen Bankenzentrum. München 1999

Institut für bankhistorische Forschung (Hg.): Deutsche Bankengeschichte. 3 Bde. Frankfurt a.M. 1982

Institut für bankhistorische Forschung (Hg.): Deutsche Börsengeschichte. Frankfurt a.M. 1992

Institut für bankhistorische Forschung (Hg.): Deutsche Bankiers des 20. Jahrhunderts. Stuttgart 2008

James, Harold: Verbandspolitik im Nationalsozialismus. Von der Interessenvertretung zur Wirtschaftsgruppe: Der Centralverband des Deutschen Bank- und Bankiersgewerbes 1932–1945. München 2001

Knetsch, Stefanie: Das konzerneigene Bankinstitut der Metallgesellschaft im Zeitraum von 1906 bis 1928. Stuttgart 1998

Köhler, Ingo: Die „Arisierung" der Privatbanken im Dritten Reich. Verdrängung, Ausschaltung und die Frage der Wiedergutmachung. München 2005

Lämmel, Frank: TA Triumph-Adler. Ein Jahrhundert Wirtschafts- und Industriekultur: Werden und Sein einer großen Marke. Hamburg 2009

Mohr, Verita: Spurenlese. Georg Hauck & Sohn 1796–1996. Frankfurt a.M. 1996

Moser, Eva/Richard Winkler: Wegmarken. 125 Jahre Bankhaus H. Aufhäuser. München 1995

Pohl, Hans: Geschichte der deutschen Kreditwirtschaft seit 1945. Frankfurt a.M. 1998

Pohl, Hans (Hg.): Geschichte des Finanzplatzes München. München 2007

Selig, Wolfram: „Arisierung" in München. Die Vernichtung jüdischer Existenz 1937–1939. Berlin 2004

Smith, Michael: Foley. The Spy Who Saved 10,000 Jews. London 1999

Stern, Fritz: Gold und Eisen. Bismarck und sein Bankier Bleichröder. Frankfurt a.M./Berlin 2000

Ulrich, Keith: Aufstieg und Fall der Privatbankiers. Die wirtschaftliche Bedeutung von 1918–1938 Frankfurt a.M. 1998

Weichel, Thomas: Gontard & MetallBank. Die Banken der Frankfurter Familien Gontard und Merton. Stuttgart 2000

Wixforth, Harald/Dieter Ziegler: Deutsche Privatbanken und Privatbankiers im 20. Jahrhundert, in: Geschichte und Gesellschaft. Zeitschrift für Historische Sozialwissenschaft. 23. Jahrgang/Heft 2 (1997), S. 205–235

Wörner, Birgit: Frankfurter Bankiers, Kaufleute und Industrielle. Werte, Lebensstil und Lebenspraxis 1870 bis 1930. Frankfurt a.M./Wiesbaden 2011

IMPRESSUM

Diese Chronik von Hauck & Aufhäuser Privatbankiers ist im eigenen Haus entstanden. Das Buch dient ausschließlich dem Lesevergnügen. Die historischen Details wurden sorgfältig recherchiert, dennoch können wir für ihre Richtigkeit und Vollständigkeit keine Gewähr übernehmen.

Die Inhalte sind in öffentlichen Quellen allgemein zugänglich, stammen aus persönlichen Gesprächen mit Zeitzeugen und beruhen auf Archivmaterialien. Für ihre Unterstützung gebührt besonderer Dank: Herrn Michael Hauck, Frau Maria Ladenburg (geborene Hauck) und Frau Gabriele Busch-Hauck; den ehemaligen Partnern Professor Jörg-Engelbrecht Cramer, Peter Gatti, Helmut Schreyer sowie den Herren Günter Roth und Jürgen Sommer. Außerdem danken wir Herrn Frank Dreisch vom Institut für bankhistorische Forschung und Dr. Harald Winkler vom Bayerischen Wirtschaftsarchiv.

Das Unternehmensarchiv des Bankhauses Georg Hauck & Sohn in Frankfurt ist im Zweiten Weltkrieg fast vollständig zerstört worden. Ohne das Engagement von Herrn Marc Balbaschewski, der die wenigen erhaltenen Materialien gesammelt, bewahrt und ausgewertet hat, wäre die Chronik in dieser Form nicht erschienen.

Herausgeber
Hauck & Aufhäuser Privatbankiers, Kaiserstraße 24, 60311 Frankfurt am Main

Text und Redaktion
Dr. Felix Höpfner (verantwortlich), Marc Balbaschewski, Birgit Brauburger, Silja Kaduk

Gestaltung und Satz
Huth + Wenzel, Frankfurt am Main

Druck
Volkhardt Caruna, Amorbach

Herstellung
Buchwerk, Darmstadt

ISBN 978-3-937996-31-8